대한민국 법령 시리즈 479

결혼중개업의 관리에 관한 법률

(약칭 : 결혼중개업법)

법령

시행령

시행규칙

해광출판사

머리말

이 책은 방대한 법전을 보지 않고 간편하게 해당되는 법령만 참고해서 볼 수 있도록 하였습니다. 공공기관이나 관련 종사자들이 쉽고 간편하게 해당 법령을 참조 할 수 있도록 하였습니다.

특히 해당법률은 물론 관련 시행령, 시행규칙을 함께 실어 관련법을 서로 참고할 수 있게 하였습니다.

법률이라는 것이 크든 작든 항상 변하는 관계로, 출간 이후의 정확하고 최신의 법률은 법제처 국가법령정보센터에서 확인이 가능하니 법률의 실제 적용 시 확인이 필요한 점 유의하기를 바랍니다.

편집부

* 수록 법률은 법제처 국가법령정보센터에서 확인 가능합니다.
* 발행일 기준 시행 법률이므로 최신 법령은 위 센터에서 볼 수 있습니다.
* 본 책자에 수록된 법률의 문구에 대하여 법적인 효력은 없으며,
  실제 적용 법률은 위 센터에서 최신의 법률로 확인하시기 바랍니다.
* 해당 법령과 함께 시행령, 시행규칙도 수록되어 있습니다.
* 발행일 기준으로 개정 예정 법률은 밑줄로 별도 표시되어 있으며,
  보다 정확한 것은 법제처에서 확인하기 바랍니다.

목차

결혼중개업의 관리에 관한 법률
(약칭 : 결혼중개업법)

[시행 2025. 4. 29.] [법률 제20953호, 2025. 4. 29., 타법개정]

**개정 예정 법률 밑줄 별도 표시.

결혼중개업의 관리에 관한 법률
(약칭 : 결혼중개업법)

[시행 2025. 4. 29.] [법률 제20953호, 2025. 4. 29., 타법개정]

제1조(목적) 이 법은 결혼중개업을 건전하게 지도·관리하고 결혼중개업 이용자의 피해를 예방하여 그 이용자를 보호함으로써 건전한 결혼문화 형성에 이바지함을 목적으로 한다. 〈개정 2016. 3. 2.〉

제2조(정의) 이 법에서 사용하는 용어의 정의는 다음과 같다.

1. "결혼중개"란 결혼을 위한 상담 및 알선 등의 행위를 말한다.
2. "결혼중개업"이란 수수료·회비, 그 밖의 금품을 받고 결혼중개를 업으로 행하는 것을 말한다.
3. "국내결혼중개업"이란 대한민국의 국적을 가진 사람을 대상으로 하는 결혼중개업을 말한다.
4. "국제결혼중개업"이란 대한민국의 국적을 가진 사람과 외국인을 대상으로 하는 결혼중개업을 말한다.
5. "결혼중개업자"란 제3조제1항에 따라 결혼중개업의 신고를 하거나 제4조제1항에 따라 결혼중개업의 등록을 한 자를 말한다.

제2조의2(실태조사) ① 여성가족부장관은 결혼중개업의 운영실태 및 이용자의 피해사례 등 결혼중개 실태조사를 3년마다 실시하고 그

결과를 공표하여야 한다. 〈개정 2017. 12. 12.〉

② 제1항에 따른 실태조사의 방법·내용 등에 필요한 사항은 여성가족부령으로 정한다.

[본조신설 2013. 8. 13.]

제3조(국내결혼중개업의 신고) ① 국내결혼중개업을 하고자 하는 자는 보증보험금 및 중개사무소 등 대통령령으로 정하는 기준을 갖추어 특별자치시장·시장(「제주특별자치도 설치 및 국제자유도시 조성을 위한 특별법」에 따른 행정시장을 포함한다. 이하 같다)·군수·구청장(자치구의 구청장을 말한다. 이하 같다)에게 신고하여야 한다. 신고한 사항 중 여성가족부령으로 정하는 중요사항을 변경하고자 할 때에도 또한 같다. 〈개정 2010. 1. 18., 2010. 5. 17., 2018. 3. 13.〉

② 특별자치시장·시장·군수·구청장은 제1항에 따른 신고 또는 변경신고를 받은 날부터 30일 이내에 신고수리 여부를 신고인에게 통지하여야 한다. 〈신설 2018. 3. 13.〉

③ 특별자치시장·시장·군수·구청장이 제2항에서 정한 기간 내에 신고수리 여부 또는 민원 처리 관련 법령에 따른 처리기간의 연장을 신고인에게 통지하지 아니하면 그 기간(민원 처리 관련 법령에 따라 처리기간이 연장 또는 재연장된 경우에는 해당 처리기간을 말한다)이 끝난 날의 다음 날에 신고를 수리한 것으로 본다. 〈신설 2018. 3. 13.〉

④ 특별자치시장·시장·군수·구청장은 제1항에 따른 신고를 수리한 경우(제3항에 따라 신고를 수리한 것으로 보는 경우를 포함한다) 신고를 한 자에 대하여 신고필증을 내주어야 한다. 〈개정 2018.

3. 13.〉

⑤ 제1항에 따른 신고사항 · 신고절차, 제4항에 따른 신고필증의 교부 등 신고에 관하여 필요한 사항은 여성가족부령으로 정한다. 〈개정 2010. 1. 18., 2018. 3. 13.〉

제4조(국제결혼중개업의 등록) ① 국제결혼중개업을 하고자 하는 자는 제24조에 따른 교육을 받고 제24조의3에 따른 자본금 요건 및 보증보험금, 중개사무소 등 대통령령으로 정하는 기준을 갖추어 중개사무소를 두고자 하는 지역을 관할하는 특별자치시장 · 시장 · 군수 · 구청장에게 등록하여야 한다. 등록한 사항 중 여성가족부령으로 정하는 중요사항을 변경하고자 할 때에도 또한 같다. 〈개정 2010. 1. 18., 2010. 5. 17., 2012. 2. 1., 2018. 3. 13.〉

② 특별자치시장 · 시장 · 군수 · 구청장은 제1항에 따른 국제결혼중개업을 등록한 자에 대하여 등록증을 내주어야 한다. 〈개정 2010. 5. 17., 2018. 3. 13.〉

③ 제1항에 따른 등록사항 · 등록절차, 제2항에 따른 등록증의 교부 등 등록에 관하여 필요한 사항은 여성가족부령으로 정한다. 〈개정 2010. 1. 18.〉

제4조의2(결혼중개업체의 공시) ① 특별자치시장 · 시장 · 군수 · 구청장은 신고 또는 등록된 결혼중개업체의 현황 등을 홈페이지를 통하여 정기적으로 공시하여야 한다. 〈개정 2018. 1. 16., 2018. 3. 13.〉

② 제1항에 따라 공시하여야 할 사항, 방법, 시기 등에 필요한 사항은 여성가족부령으로 정한다.

[본조신설 2012. 2. 1.]

[제목개정 2018. 1. 16.]

제4조의3(지도점검) ① 제4조에 따라 등록된 국제결혼중개업의 경우 특별자치시장ㆍ시장ㆍ군수ㆍ구청장은 제24조의3에 따른 자본금 요건 등 등록사항과 제10조의2에 따른 신상정보 제공 등 업무에 관한 사항에 대하여 매년 1회 이상 지도점검을 실시하여야 한다. 〈개정 2015. 2. 3., 2016. 3. 2., 2018. 3. 13.〉

② 제1항의 지도점검과 관련된 절차와 방법에 관한 사항은 여성가족부령으로 정한다.

[본조신설 2012. 2. 1.]

제5조(휴업ㆍ폐업 및 재개의 신고) ①결혼중개업자가 휴업 또는 폐업하거나 휴업 후 영업을 재개하고자 할 때에는 여성가족부령으로 정하는 바에 따라 특별자치시장ㆍ시장ㆍ군수ㆍ구청장에게 이를 신고하여야 한다. 폐업을 신고한 경우 제3조제1항에 따른 신고 또는 제4조제1항에 따른 등록은 그 효력을 잃는다. 다만, 제18조에 따른 영업정지 등의 사유에 해당하게 된 경우에는 신고ㆍ등록의 효력을 잃지 아니한다. 〈개정 2010. 1. 18., 2010. 5. 17., 2012. 2. 1., 2015. 2. 3., 2018. 3. 13.〉

② 제1항에 따라 휴업한 결혼중개업자가 휴업기간 종료 후 1년이 지나도 재개 신고를 하지 아니한 경우 폐업한 것으로 본다. 〈신설 2015. 2. 3.〉

제6조(결격사유) 다음 각 호의 어느 하나에 해당하는 자는 결혼중개업을 운영하거나 그 업무에 종사할 수 없다. 〈개정 2009. 6. 9.,

2013. 3. 22., 2015. 2. 3., 2018. 3. 27., 2025. 4. 29.〉

1. 미성년자, 피성년후견인 또는 피한정후견인

2. 금고 이상의 실형을 선고받고 그 집행이 종료(집행이 종료된 것으로 보는 경우를 포함한다)되거나 집행이 면제된 날부터 2년이 경과되지 아니한 자

3. 금고 이상의 형의 집행유예를 선고받고 그 유예기간 중에 있는 자

4. 제2호 및 제3호에도 불구하고 이 법,「형법」제228조 및 제287조부터 제294조까지의 규정, 「특정범죄가중처벌 등에 관한 법률」 제5조의2,「성매매알선 등 행위의 처벌에 관한 법률」, 「풍속영업의 규제에 관한 법률」, 「아동 · 청소년의 성보호에 관한 법률」 또는 「출입국관리법」제7조의2 및 제18조제4항을 위반하여 벌금 이상의 형의 선고(범칙금 통고처분을 포함한다)를 받고 그 집행이 종료되거나 집행을 받지 아니하기로 확정된 후 3년이 경과되지 아니한 자

5. 국제결혼 중개행위 관련 외국의 현지 형사법령 또는 행정법령을 위반하여 형 또는 행정처분이 확정(형사법령을 위반한 경우에는 형을 집행하지 아니하기로 확정된 경우를 포함한다)되어 그 집행이 종료된 후 3년이 경과되지 아니한 자

6. 제18조에 따라 등록이 취소되거나 영업소가 폐쇄된 후 3년이 경과되지 아니한 자. 다만, 이 조 제1호에 해당하여 등록이 취소되거나 영업소가 폐쇄된 경우는 제외한다.

7. 임원 중에 제1호부터 제6호까지의 규정의 어느 하나에 해당하는 자가 있는 법인

제7조(겸업금지) 「직업안정법」제18조 및 제19조에 따른 직업소개사업을 하는 자 또는 「파견근로자 보호 등에 관한 법률」제7조에 따른 파견사업주 또는 「해외이주법」 제10조에 따른 해외이주알선업자는 결혼중개업을 수행할 수 없다. 〈개정 2019. 4. 30.〉

제8조(신고필증 등의 게시) ① 결혼중개업자는 결혼중개업 수수료·회비 등을 기재한 표, 신고필증 또는 등록증, 그 밖에 여성가족부령으로 정하는 사항을 해당 중개사무소 안의 보기 쉬운 곳에 게시하여야 한다. 〈개정 2010. 1. 18., 2016. 12. 20.〉

② 결혼중개업자가 인터넷 홈페이지를 운영하는 경우 결혼중개업 수수료·회비 등을 기재한 표, 신고번호 또는 등록번호 등 여성가족부령으로 정하는 사항을 이용자가 쉽게 확인할 수 있도록 인터넷 홈페이지에 게시하여야 한다. 〈개정 2010. 1. 18.〉

제9조(명의 대여의 금지) 결혼중개업자는 다른 사람에게 자기의 명의 또는 상호를 사용하여 결혼중개업을 하게 하거나 신고필증 또는 등록증을 빌려주어서는 아니 된다.

제10조(결혼중개계약서의 작성 등) ① 결혼중개업자는 결혼중개를 목적으로 수수료·회비, 그 밖의 금품을 이용자에게 받고자 할 때에는 다음 각 호의 방법으로 계약을 체결하여야 한다. 이 경우 이용자가 계약서 내용을 이해할 수 있도록 충분하게 설명하여야 한다. 〈개정 2010. 5. 17., 2012. 6. 1.〉

1. 국내결혼중개업자: 서면 또는 「전자문서 및 전자거래 기본법」 제2조제1호에 따른 전자문서

2. 국제결혼중개업자: 서면

② 제1항에 따라 계약을 체결하는 때에는 다음 각 호의 사항을 기재한 계약서(약관을 정하여 사용하는 경우로서 약관의 내용이 계약서에 기재되어 있지 아니한 경우 그 약관을 기재한 서면을 포함한다)를 이용자에게 내주어야 한다.

1. 수수료·회비 등에 관한 사항
2. 해약 또는 해지할 경우 수수료·회비 등의 반환에 관한 사항
3. 결혼중개업자의 배상책임에 관한 사항
4. 결혼중개업자가 제공하는 서비스의 내용, 제공방법, 기간 및 시기 등에 관한 사항
5. 그 밖에 결혼중개업자가 준수하여야 할 사항

③ 결혼중개업자는 제1항에 따라 작성된 계약서를 여성가족부령으로 정하는 기간 동안 보존하여야 한다. 〈개정 2010. 1. 18.〉

④ 결혼중개업자는 제1항에 따라 계약서를 작성하는 때에는 제2항의 기재사항을 거짓으로 기재하거나 서로 다른 2 이상의 계약서를 작성하여서는 아니 된다.

⑤ 여성가족부장관은 결혼중개업의 공정한 거래질서를 구축하기 위하여 결혼중개업에 관한 표준 계약서를 마련하고 결혼중개업자에게 이를 사용하도록 권장하여야 한다. 〈신설 2015. 2. 3.〉

제10조의2(신상정보 제공) ① 국제결혼중개업자는 제10조제1항에 따라 계약을 체결한 이용자와 결혼중개의 상대방(이하 "상대방"이라 한다)으로부터 다음 각 호의 신상정보를 받아 각각 해당 국가 공증인의 인증을 받은 다음 각 호의 신상정보(증빙서류를 포함한다)를 상대방과 이용자에게 서면으로 제공하여야 한다. 다만, 이용자 또는

상대방이 외국에서 공증인의 인증을 받은 경우 「재외공관 공증법」 제30조제1항에 따라 공증담당영사로부터 확인을 받거나 「외국공문서에 대한 인증의 요구를 폐지하는 협약」에서 정하는 바에 따른 확인을 받아야 한다. 〈개정 2016. 12. 20.〉

1. 혼인경력

2. 건강상태(후천성면역결핍증, 성병 감염 및 정신질환 여부를 포함한다)

3. 직업

4. 성폭력, 가정폭력, 아동학대, 성매매 알선 및 강요 관련 범죄경력과 최근 10년 이내의 금고 이상의 형에 해당하는 범죄경력

5. 그 밖에 상대국의 법령에서 정하고 있는 사항

② 제1항제2호의 건강상태에 관한 서류는 「건강검진기본법」 제14조에 따라 검진기관으로 지정된 병원급 의료기관이 발행한 건강진단서(정신건강의학과가 설치되지 아니한 의료기관의 경우 정신계통의 검사는 정신건강의학과 의사의 협조를 얻어 실시하여야 한다)를 말한다.

③ 제1항에 따른 신상정보는 그 정보를 제공받는 이용자와 상대방이 이해할 수 있는 언어로 작성하여야 한다.

④ 제1항에 따른 신상정보의 제공 시기 및 절차, 입증방법 등에 필요한 사항은 대통령령으로 정한다.

[전문개정 2012. 2. 1.]

제10조의3(통역·번역서비스의 제공) ① 국제결혼중개업자는 이용자와 상대방 간의 원활한 의사소통을 지원하기 위하여 통역·번역서비

스를 제공하여야 한다.

② 제1항에 따른 통역·번역서비스의 제공 등에 필요한 사항은 여성가족부령으로 정한다.

[본조신설 2010. 5. 17.]

제10조의4(기록보존) ① 결혼중개업자는 다음 각 호의 사항에 관한 기록을 여성가족부령으로 정하는 바에 따라 작성·보존하여야 한다.

1. 제10조제1항에 따라 작성된 결혼중개계약서

2. 제10조의2에 따라 작성된 국제결혼 개인신상정보 확인서(상대방 언어 번역본 포함) 및 관련 증빙서류

3. 그 밖의 혼인 관련 서류

② 결혼중개업자는 이용자나 상대방이 제1항에 따른 기록의 열람·사본교부 등 그 내용확인을 요구한 때에는 이에 응하여야 한다.

[본조신설 2012. 2. 1.]

제10조의5(부정한 방법의 모집·알선 등의 금지) 국제결혼중개업자는 다음 각 호의 어느 하나에 해당하는 행위를 하여서는 아니 된다.

1. 속임수나 부정한 방법으로 국제결혼 대상자를 모집하거나 알선하는 행위

2. 부당한 수수료·회비, 그 밖의 금품을 징수하는 행위

[본조신설 2012. 2. 1.]

제11조(외국 현지법령 준수 등) ① 국제결혼중개업자는 외국 현지에서 국제결혼중개를 하는 경우 이 법, 외국 현지 형사법령 및 행정법령을 준수하여야 한다. 〈개정 2013. 3. 22.〉

② 외교부장관은 외국 현지에서 국제결혼중개업자가 이 법, 외국

현지 형사법령 또는 행정법령을 위반한 경우 관련 내용을 여성가족부장관에게 통보하여야 하고, 여성가족부장관은 이를 시·도지사에게 통보하여야 한다. 이 경우 통보절차에 관하여 필요한 사항은 대통령령으로 정한다. 〈개정 2010. 1. 18., 2010. 5. 17., 2013. 3. 22., 2013. 3. 23.〉

제11조의2(홍보영상의 제작·배포·송출) ① 여성가족부장관은 국제결혼의 신중한 결정 및 국제결혼중개업자로부터의 피해예방 등에 관한 홍보영상을 제작하여 「방송법」 제2조제3호의 방송사업자에게 배포하여야 한다.

② 여성가족부장관은 「방송법」 제2조제3호가목의 지상파방송사업자(이하 "방송사업자"라 한다)에게 같은 법 제73조제4항에 따라 대통령령으로 정하는 비상업적 공익광고 편성비율의 범위에서 제1항의 홍보영상을 채널별로 송출하도록 요청할 수 있다.

③ 방송사업자는 제1항의 홍보영상 외에 독자적으로 홍보영상을 제작하여 송출할 수 있다. 이 경우 여성가족부장관에게 필요한 협조 및 지원을 요청할 수 있다.

[본조신설 2013. 8. 13.]

제12조(거짓·과장된 표시·광고의 금지 등) ① 결혼중개업자는 거짓·과장되거나 국가·인종·성별·연령·직업 등을 이유로 차별하거나 편견을 조장할 우려가 있는 내용 또는 인신매매나 인권 침해의 우려가 있는 내용의 표시·광고를 하여서는 아니 된다. 〈개정 2012. 2. 1.〉

② 결혼중개업자는 결혼중개를 함에 있어서 이용자에게 거짓된 정

보를 제공하여서는 아니 된다.

③ 결혼중개업자가 표시·광고를 하는 경우 국내결혼중개업자는 국내결혼중개업의 신고번호를, 국제결혼중개업자는 국제결혼중개업의 등록번호를 포함하여야 한다. 〈신설 2010. 5. 17.〉

④ 결혼중개업자가 아니면 결혼중개에 관한 광고를 하여서는 아니 된다. 〈신설 2012. 2. 1.〉

⑤ 제1항에 따른 거짓·과장된 표시·광고의 범위 등에 관하여 필요한 사항은 여성가족부령으로 정한다. 〈개정 2010. 1. 18., 2010. 5. 17., 2012. 2. 1.〉

제12조의2(미성년자 소개 금지 등) 국제결혼중개업자는 결혼중개를 하는 경우에 다음 각 호의 어느 하나에 해당하는 행위를 하여서는 아니 된다.

1. 18세 미만인 사람을 소개하는 행위
2. 이용자에게 같은 시간에 2명 이상의 상대방을 소개하는 행위
3. 같은 날, 같은 장소에서 2명 이상의 이용자에게 2명 이상의 상대방을 동시 또는 순차적으로 소개하는 행위
4. 결혼중개를 목적으로 2명 이상의 외국인을 같은 장소에 기숙(寄宿)시키는 행위

[본조신설 2012. 2. 1.]

제13조(개인정보의 보호) 결혼중개업에 종사하거나 종사하였던 자는 그 업무를 통하여 알게 된 개인정보를 이용자의 의사에 반하여 다른 사람에게 제공 또는 누설하거나 결혼중개 외의 용도로 사용하여서는 아니 된다.

제14조(장부 등의 비치) 결혼중개업자는 여성가족부령으로 정하는 바에 따라 장부ㆍ대장, 그 밖에 필요한 자료를 비치하여야 한다. 이 경우 여성가족부령으로 정하는 장부ㆍ대장, 그 밖에 필요한 자료는 「전자문서 및 전자거래 기본법」 제2조제1호에 따른 전자문서로 작성ㆍ보존할 수 있다. 〈개정 2010. 1. 18., 2012. 2. 1., 2012. 6. 1.〉

제14조의2(국제결혼중개업자의 업무제휴) ① 국제결혼중개업자가 결혼중개를 하면서 결혼당사자의 모집 등과 관련하여 외국 현지에서 활동하는 업체 등과 업무제휴를 할 때에는 서면으로 계약을 체결하여야 한다.

② 국제결혼중개업자가 제1항에 따라 업무제휴 계약을 체결하는 때에는 업무제휴를 하는 업체 등이 다음 각 호의 사항을 준수하도록 하는 내용을 포함하여야 한다.

1. 제10조에 따른 결혼중개계약서의 작성 등
2. 제11조제1항에 따른 외국 현지 법령의 준수
3. 제12조제1항에 따른 거짓ㆍ과장된 표시ㆍ광고의 금지
4. 제13조에 따른 개인정보의 보호

③ 국제결혼중개업자는 제1항에 따른 업무제휴를 제6조 및 제7조에 해당하는 자와 할 수 없다.

[본조신설 2010. 5. 17.]

제15조(보고 및 검사 등) ① 특별자치시장ㆍ시장ㆍ군수ㆍ구청장은 결혼중개업자로 하여금 이 법의 시행에 관하여 필요한 자료제출과 보고를 하게 할 수 있으며, 소속 공무원으로 하여금 해당 중개사무

소에 출입하여 운영상황을 조사하게 하거나 장부 · 대장, 그 밖의 서류를 검사하게 할 수 있다. 〈개정 2010. 5. 17., 2018. 3. 13.〉

② 국제결혼중개업자는 여성가족부령으로 정하는 바에 따라 매년 정기적으로 특별자치시장 · 시장 · 군수 · 구청장에게 결혼중개 실적 등을 보고하여야 한다. 〈신설 2012. 2. 1., 2018. 3. 13.〉

③ 제1항에 따라 소속 공무원이 그 직무를 수행하는 때에는 그 권한을 표시하는 증표를 지니고 이를 관계인에게 내보여야 한다. 〈개정 2012. 2. 1.〉

제16조(관계 기관의 협조) ① 여성가족부장관은 결혼중개업의 관리를 위하여 관계 중앙행정기관의 장, 지방자치단체의 장 또는 관계 공공기관의 장에게 필요한 협조를 요청할 수 있다. 〈개정 2010. 1. 18.〉

② 제1항에 따라 협조요청을 받은 자는 특별한 사유가 없는 한 이에 응하여야 한다.

제17조(시정 명령) 특별자치시장 · 시장 · 군수 · 구청장은 결혼중개업자가 다음 각 호의 어느 하나에 해당하는 경우에는 3개월의 범위에서 기간을 정하여 그 시정 또는 변경을 명할 수 있다. 〈개정 2010. 5. 17., 2012. 2. 1., 2015. 2. 3., 2018. 3. 13.〉

1. 제3조제1항을 위반하여 변경사항을 신고하지 아니한 경우

2. 제4조제1항을 위반하여 변경사항을 등록하지 아니한 경우

3. 제5조제1항을 위반하여 결혼중개업을 휴업 또는 폐업하거나 그 영업을 재개한 사실을 신고하지 아니한 경우

4. 제8조를 위반하여 신고필증 또는 등록증 등을 게시하지 아니하거나 신고번호 또는 등록번호 등을 게시하지 아니한 경우

5. 제12조제3항을 위반하여 표시·광고를 할 때 신고번호나 등록번호를 포함하지 아니한 경우

6. 제14조를 위반하여 장부 등의 자료를 비치하지 아니한 경우

7. 그 밖에 이 법 또는 이 법에 따른 명령을 위반한 경우

제18조(영업정지 등) ① 특별자치시장·시장·군수·구청장은 결혼중개업자가 다음 각 호의 어느 하나에 해당하는 경우 등록을 취소하거나 영업소 폐쇄 또는 1년 이내의 기간을 정하여 영업의 정지를 명할 수 있다. 다만, 국내결혼중개업자가 제1호 또는 제2호에 해당하거나 1년 이내에 3회 이상 제24호에 해당하는 경우 영업소의 폐쇄를 명하여야 하며, 국제결혼중개업자가 제1호·제2호·제23호 또는 제24호에 해당하는 경우 등록을 취소하여야 한다. 〈개정 2013. 3. 22., 2015. 2. 3., 2018. 3. 13., 2018. 3. 27.〉

1. 거짓이나 그 밖의 부정한 방법으로 결혼중개업을 신고하거나 등록한 경우

2. 제6조에 따른 결격사유에 해당하게 된 경우(제6조제6호 본문에 해당하는 경우는 제외한다). 다만, 법인의 경우 1개월 이내에 결격사유가 있는 임원을 개임한 때는 그러하지 아니하다.

3. 제7조를 위반하여 직업소개사업, 근로자파견사업 또는 해외이주알선업을 겸업한 경우

4. 제9조를 위반하여 다른 사람에게 자기 명의 또는 상호를 사용하여 결혼중개업을 하게 하거나 신고필증 또는 등록증을 빌려준 경우

5. 제10조제1항을 위반하여 서면 또는 전자문서의 방법으로 계약을 체결하지 아니한 경우

6. 제10조제2항을 위반하여 계약서의 기재사항을 누락하거나 계약서를 내주지 아니한 경우

7. 제10조제3항을 위반하여 계약서를 보존하지 아니한 경우

8. 제10조제4항을 위반하여 계약서를 거짓으로 기재하거나 서로 다른 둘 이상의 계약서를 작성한 경우

9. 제10조의2제1항을 위반하여 신상정보(증빙서류를 포함한다)를 이용자와 상대방에게 제공하지 아니한 경우

10. 제10조의2제1항을 위반하여 신상정보가 거짓임을 알면서도 이를 제공하여 중개한 경우

11. 제10조의2제1항을 위반하여 과장된 개인신상정보를 제공하거나 중요 사항을 누락한 경우

12. 국제결혼중개업자가 제10조의3제1항을 위반하여 통역·번역 서비스를 제공하지 아니한 경우

13. 제10조의4제1항을 위반하여 기록물을 보존하지 아니한 경우

14. 제10조의5를 위반하여 부정한 방법의 모집·알선 행위나 부당한 금품 징수행위를 한 경우

15. 제11조제2항에 따라 외국 현지 형사법령 또는 행정법령을 위반하여 여성가족부장관에게 통보된 경우(제2호에 해당하여 등록을 취소하는 경우는 제외한다)

16. 제12조제1항을 위반하여 거짓 또는 과장되거나 국가·인종·성별·연령·직업 등을 이유로 차별하거나 편견을 조장할 우려가 있는 내용 또는 인신매매나 인권 침해의 우려가 있는 내용을 표시·광고한 경우

17. 제12조제2항을 위반하여 이용자에게 거짓된 정보를 제공한 경우

18. 제12조의2를 위반하여 결혼중개 행위를 한 경우

19. 제13조를 위반하여 개인정보를 다른 사람에게 제공 또는 누설하거나 결혼중개 외의 용도로 사용한 경우

20. 제15조제1항에 따른 자료제출·보고를 하지 아니하거나 거짓으로 보고한 경우

21. 제15조제1항에 따른 소속 공무원의 조사나 검사를 기피하거나 방해한 경우

22. 제17조에 따른 시정 명령을 위반한 경우

23. 제24조의3에 따른 등록기준에 못 미치게 된 경우

24. 제25조를 위반하여 보증보험에 가입하지 아니한 경우

② 제1항에 따른 행정처분의 세부기준은 여성가족부령으로 정한다.

[전문개정 2012. 2. 1.]

제19조(폐쇄조치 등) ① 특별자치시장·시장·군수·구청장은 제3조제1항에 따른 신고 또는 제4조제1항에 따른 등록을 하지 아니하고 결혼중개업을 하거나 제18조제1항에 따른 등록취소, 영업소의 폐쇄명령 또는 영업정지명령을 받고 계속하여 영업을 하는 자에 대하여 관계 공무원으로 하여금 해당 영업소를 폐쇄하기 위한 다음 각 호의 조치를 하게 할 수 있다. 〈개정 2010. 5. 17., 2015. 2. 3., 2018. 3. 13.〉

1. 해당 영업소의 간판이나 그 밖의 영업표시물의 제거·삭제

2. 해당 영업소가 위법한 것임을 알리는 게시물 등의 부착

3. 영업을 위하여 꼭 필요한 시설물 또는 기구 등을 사용할 수 없게 하는 봉인

② 제1항제3호에 따른 봉인을 한 후 봉인을 계속할 필요가 없다고 인정하거나 결혼중개업자 또는 그 대리인이 정당한 사유로 봉인의 해제를 요청하는 때에는 그 봉인을 해제할 수 있다. 제1항제2호에 따른 게시물 등의 부착을 제거하는 경우에도 또한 같다.

③ 제1항에 따른 조치를 함에 있어서는 미리 해당 결혼중개업자나 그 대리인에게 서면으로 이를 알려주어야 한다. 다만, 공공의 안전 또는 복리를 위하여 긴급히 폐쇄하여야 할 필요가 있는 경우 등 급박한 사유가 있는 경우에는 그러하지 아니하다.

④ 제1항에 따른 조치는 영업을 할 수 없게 함에 필요한 최소한의 범위에 그쳐야 한다.

⑤ 제1항의 경우에 관계 공무원은 그 권한을 표시하는 증표를 지니고 이를 관계인에게 내보여야 한다.

제20조(청문) 특별자치시장·시장·군수·구청장은 제18조제1항에 따른 행정처분을 하고자 하는 경우에는 청문을 실시하여야 한다. 〈개정 2010. 5. 17., 2018. 3. 13.〉

제21조(행정처분의 승계 등) ① 다음 각 호의 어느 하나에 해당하는 결혼중개업자는 종전의 결혼중개업자에 대하여 행한 제18조제1항에 따른 행정처분의 효과를 승계한다. 〈개정 2015. 2. 3.〉

1. 결혼중개업을 양수한 자

2. 결혼중개업을 운영하는 법인이 합병이 있는 때에는 합병 후

존속하거나 설립되는 법인

3. 제5조제1항에 따른 폐업신고 후 1년 이내에 다시 결혼중개업을 신고 또는 등록한 자

② 제1항 각 호의 어느 하나에 해당하는 자에 대하여는 제18조제1항에 따라 진행 중인 행정처분의 절차를 속행할 수 있다.

③ 제1항 및 제2항에도 불구하고 제1항 각 호의 어느 하나에 해당하는 자가 종전의 결혼중개업자에 대한 처분명령 또는 종전의 결혼중개업자의 위반사실을 알지 못하였음을 증명하는 때에는 그러하지 아니하다.

제22조(수수료) 제3조제1항에 따른 신고 또는 제4조제1항에 따른 등록을 하고자 하는 자는 특별자치시장·시장·군수·구청장에게 여성가족부령으로 정하는 바에 따라 수수료를 납부하여야 한다. 신고 또는 등록사항을 변경하는 경우에도 또한 같다. 〈개정 2010. 1. 18., 2010. 5. 17., 2018. 3. 13.〉

제23조 삭제 〈2010. 5. 17.〉

제24조(교육) ① 여성가족부장관 또는 특별자치시장·시장·군수·구청장은 결혼중개업자 및 종사자의 전문지식, 윤리의식 및 자질을 향상시키기 위하여 교육을 실시하거나 법인 또는 단체에 위탁하여 실시할 수 있다. 〈개정 2010. 1. 18., 2010. 5. 17., 2012. 2. 1., 2015. 2. 3., 2018. 3. 13.〉

② 제4조제1항에 따라 국제결혼중개업의 등록을 하고자 하는 자는 미리 제1항에 따른 교육을 받아야 한다.

③ 제2항에 따라 교육을 받아야 하는 자 중 2 이상의 장소에서

국제결혼중개업을 하고자 하는 자 또는 여성가족부령으로 정하는 사유로 교육을 받을 수 없는 자에 대하여는 그 종사자 중 책임자를 지정하여 교육을 받게 하여야 한다. 〈개정 2010. 1. 18.〉

④ 제1항부터 제3항까지의 규정에 따른 교육내용·교육방법 등 교육에 관하여 필요한 사항은 여성가족부령으로 정한다. 〈개정 2010. 1. 18.〉

제24조의2(결혼중개업 이용자의 피해 예방을 위한 교육) ① 여성가족부장관 또는 특별자치시장·시장·군수·구청장은 국제결혼중개업 이용자의 피해를 예방하기 위하여 교육을 실시하거나 법인 또는 단체에 위탁하여 실시할 수 있다. 〈개정 2018. 3. 13.〉

② 제1항에 따른 교육 내용·방법 및 신청절차 등에 필요한 사항은 여성가족부령으로 정한다.

[본조신설 2012. 2. 1.]

제24조의3(자본금) ① 제4조에 따라 국제결혼중개업을 등록하려는 자는 중개사무소별로 1억원 이상의 자본금(법인이 아닌 경우에는 자산평가액을 말한다)을 보유하여야 한다.

② 국제결혼중개업자는 등록 이후에도 제1항에 따른 자본금을 계속해서 보유하여야 한다.

[전문개정 2015. 2. 3.]

제25조(손해배상책임의 보장) ① 국내결혼중개업자는 결혼중개를 함에 있어서 고의 또는 과실로 인하여 이용자에게 손해를 발생하게 한 때에는 그 손해를 배상할 책임이 있다. 〈개정 2016. 3. 2.〉

② 국제결혼중개업자는 결혼중개를 함에 있어서 이 법을 위반하여

이용자에게 손해를 발생하게 한 때에는 그 손해를 배상할 책임이 있다. 다만, 국제결혼중개업자가 고의 또는 과실이 없음을 입증한 경우에는 그러하지 아니하다. ⟨신설 2016. 3. 2.⟩

③ 결혼중개업자는 제1항 또는 제2항에 따른 손해배상책임을 보장하기 위하여 대통령령으로 정하는 바에 따라 보증보험에 가입하여야 한다. ⟨개정 2010. 5. 17., 2016. 3. 2.⟩

④ 제3항에 따른 보증보험금의 청구절차 등에 관하여 필요한 사항은 대통령령으로 정한다. ⟨개정 2010. 5. 17., 2016. 3. 2.⟩

제26조(벌칙) ① 다음 각 호의 어느 하나에 해당하는 자는 5년 이하의 징역 또는 5천만원 이하의 벌금에 처한다. ⟨개정 2012. 2. 1.⟩

1. 거짓이나 그 밖의 부정한 방법으로 제4조제1항에 따른 등록을 한 자

2. 제4조제1항에 따른 등록을 하지 아니하고 국제결혼중개업을 수행한 자

3. 제19조제1항에 따른 폐쇄조치에도 불구하고 영업을 계속한 자

② 다음 각 호의 어느 하나에 해당하는 자는 3년 이하의 징역 또는 3천만원 이하의 벌금에 처한다. ⟨개정 2012. 2. 1., 2017. 3. 21.⟩

1. 거짓이나 그 밖의 부정한 방법으로 제3조제1항에 따른 신고를 한 자

2. 제3조제1항에 따른 신고를 하지 아니하고 국내결혼중개업을 수행한 자

3. 제9조를 위반하여 다른 사람에게 자기 명의 또는 상호를 사용

하여 결혼중개업을 하게 하거나 신고필증 또는 등록증을 빌려준 자

4. 제10조의2제1항을 위반하여 신상정보를 제공하지 아니하거나 중요사항을 누락한 자 및 고의로 거짓된 신상정보를 제공한 자

5. 제10조의5의 금지행위를 위반하여 국제결혼중개업을 한 자

6. 제12조제1항을 위반하여 거짓·과장되거나 국가·인종·성별·연령·직업 등을 이유로 차별하거나 편견을 조장할 우려가 있는 내용 또는 인신매매나 인권 침해의 우려가 있는 내용을 표시·광고한 자

7. 제12조제2항을 위반하여 이용자에게 거짓된 정보를 제공한 자

8. 제12조제4항을 위반하여 결혼중개업의 신고 또는 등록을 하지 아니하고 결혼중개에 관한 광고를 한 자

9. 제12조의2를 위반하여 결혼중개를 한 자

10. 제13조를 위반하여 다른 사람에게 개인정보를 제공 또는 누설하거나 결혼중개 외의 용도로 사용한 자

제27조(양벌규정) 법인의 대표자나 법인 또는 개인의 대리인, 사용인, 그 밖의 종업원이 그 법인 또는 개인의 업무에 관하여 제26조의 위반행위를 하면 그 행위자를 벌하는 외에 그 법인 또는 개인에게도 해당 조문의 벌금형을 과(科)한다. 다만, 법인 또는 개인이 그 위반행위를 방지하기 위하여 해당 업무에 관하여 상당한 주의와 감독을 게을리하지 아니한 경우에는 그러하지 아니하다.

[전문개정 2010. 5. 17.]

제28조(과태료) ① 다음 각 호의 어느 하나에 해당하는 자에게는 300만원 이하의 과태료를 부과한다. 〈개정 2012. 2. 1.〉

1. 제3조제1항을 위반하여 변경사항을 신고하지 아니한 자

2. 제4조제1항을 위반하여 변경사항을 등록하지 아니한 자

3. 삭제 〈2013. 3. 22.〉

3의2. 삭제 〈2013. 3. 22.〉

4. 삭제 〈2013. 3. 22.〉

5. 삭제 〈2013. 3. 22.〉

② 다음 각 호의 어느 하나에 해당하는 자에게는 100만원 이하의 과태료를 부과한다. 〈개정 2015. 2. 3.〉

1. 제5조제1항을 위반하여 신고를 하지 아니하고 휴업 또는 폐업하거나 휴업 후 영업을 재개한 자

2. 제8조를 위반하여 신고필증 또는 등록증 등을 게시하지 아니하거나 신고번호 또는 등록번호 등을 게시하지 아니한 자

3. 제14조를 위반하여 장부 등의 자료를 비치하지 아니한 자

③ 제1항 및 제2항에 따른 과태료는 대통령령으로 정하는 바에 따라 특별자치시장·시장·군수·구청장이 부과·징수한다. 〈개정 2010. 5. 17., 2018. 3. 13.〉

④ 삭제 〈2012. 2. 1.〉

⑤ 삭제 〈2012. 2. 1.〉

⑥ 삭제 〈2012. 2. 1.〉

부칙 〈제8688호, 2007. 12. 14.〉

①(시행일) 이 법은 공포 후 6개월이 경과한 날부터 시행한다.

②(결혼중개업의 신고 또는 등록에 관한 경과조치) 이 법 시행 당

시 결혼중개업을 수행하고 있는 자는 이 법 시행일부터 3개월 이내에 제3조제1항에 따라 신고를 하거나 제4조제1항에 따라 등록을 하여야 한다.

③(교육에 관한 경과조치) 이 법 시행 당시 국제결혼중개업을 수행하고 있는 자는 이 법 시행일부터 6개월 이내에 제24조에 따라 교육을 받아야 한다.

부칙 〈제9765호, 2009. 6. 9.〉 (아동 · 청소년의 성보호에 관한 법률)

제1조(시행일) 이 법은 2010년 1월 1일부터 시행한다. 〈단서 생략〉

제2조 부터 제5조까지 생략

제6조(다른 법률의 개정) ① 결혼중개업의 관리에 관한 법률 일부를 다음과 같이 개정한다.

제6조제4호 중 "「청소년의 성보호에 관한 법률」"을 "「아동 · 청소년의 성보호에 관한 법률」"로 한다.

② 부터 ⑤ 까지 생략

제7조 생략

부칙 〈제9932호, 2010. 1. 18.〉 (정부조직법)

제1조(시행일) 이 법은 공포 후 2개월이 경과한 날부터 시행한다. 〈단서 생략〉

제2조 및 제3조 생략

제4조(다른 법률의 개정) ① 부터 ⑬ 까지 생략

⑭ 결혼중개업의 관리에 관한 법률 일부를 다음과 같이 개정한다.

제3조제1항 후단·제3항, 제4조제1항 후단·제3항, 제5조 전단, 제8조제1항·제2항, 제10조제3항, 제12조제3항, 제14조, 제18조제2항, 제22조 전단 및 제24조제3항·제4항 중 "보건복지부령"을 각각 "여성가족부령"으로 한다.

제11조제2항 전단, 제16조제1항, 제18조제1항제9호 및 제24조제1항 중 "보건복지부장관"을 각각 "여성가족부장관"으로 한다.

⑮ 부터 〈137〉 까지 생략

제5조 생략

부칙 〈제10301호, 2010. 5. 17.〉

①(시행일) 이 법은 공포 후 6개월이 경과한 날부터 시행한다.

②(국내결혼중개업의 신고에 관한 적용례) 제3조제1항의 개정규정은 이 법 시행 후 최초로 신고하는 국내결혼중개업자부터 적용한다.

부칙 〈제11283호, 2012. 2. 1.〉

제1조 (시행일) 이 법은 공포 후 6개월이 경과한 날부터 시행한다.

제2조 (국제결혼중개업자의 등록에 관한 경과조치) 이 법 시행 당시 종전의 규정에 따라 등록된 국제결혼중개업자는 이 법에 따라 등록된 것으로 본다. 다만, 이 법 시행일부터 1년 이내에 제24조의3의 개정규정에 따른 자본금에 관한 요건을 갖추어야 한다.

부칙 〈제11461호, 2012. 6. 1.〉 (전자문서 및 전자거래 기

본법)

제1조(시행일) 이 법은 공포 후 3개월이 경과한 날부터 시행한다.

제2조 부터 제9조까지 생략

제10조(다른 법률의 개정) ① 법률 제11283호 결혼중개업의 관리에 관한 법률 일부개정법률 일부를 다음과 같이 개정한다.

제10조제1항제1호 중 "「전자거래기본법」"을 "「전자문서 및 전자거래 기본법」"으로 한다.

제14조 후단 중 "「전자거래기본법」"을 "「전자문서 및 전자거래 기본법」"으로 한다.

②부터 ㉕까지 생략

부칙 〈제11672호, 2013. 3. 22.〉

제1조(시행일) 이 법은 공포 후 6개월이 경과한 날부터 시행한다. 다만, 제6조제1호의 개정규정은 2013년 7월 1일부터 시행한다.

제2조(금치산자 등에 관한 경과조치) 제6조제1호의 개정규정 시행 당시 금치산 또는 한정치산의 선고를 받아 종전의 제6조제1호에 따라 결혼중개업을 운영하거나 그 업무에 종사할 수 없는 사람에 대하여는 종전의 규정에 따른다.

부칙 〈제11690호, 2013. 3. 23.〉 (정부조직법)

제1조(시행일) ① 이 법은 공포한 날부터 시행한다.

② 생략

제2조 부터 제5조까지 생략

제6조(다른 법률의 개정) ①부터 〈527〉까지 생략

〈528〉 결혼중개업의 관리에 관한 법률 일부를 다음과 같이 개정한다.

제11조제2항 전단 중 "외교통상부장관"을 "외교부장관"으로 한다.

〈529〉부터 〈710〉까지 생략

제7조 생략

부칙 〈제12078호, 2013. 8. 13.〉

제1조(시행일) 이 법은 공포 후 6개월이 경과한 날부터 시행한다.

제2조(실태조사에 관한 적용례) 제2조의2의 개정규정에 따른 최초의 실태조사는 2014년에 실시한다.

부칙 〈제13177호, 2015. 2. 3.〉

제1조(시행일) 이 법은 공포 후 6개월이 경과한 날부터 시행한다.

제2조(행정처분에 관한 경과조치) 이 법 시행 전의 위반행위에 대한 행정처분은 종전의 규정에 따른다.

부칙 〈제14060호, 2016. 3. 2.〉

제1조(시행일) 이 법은 공포한 날부터 시행한다.

제2조(다른 법령과의 관계) 이 법 시행 당시 다른 법령에서 종전의 규정을 인용한 경우에 개정규정 중 해당하는 규정이 있으면 종전의 규정을 갈음하여 해당 개정규정을 인용한 것으로 본다.

부칙 〈제14405호, 2016. 12. 20.〉 (재외공관 공증법)

제1조(시행일) 이 법은 공포 후 3개월이 경과한 날부터 시행한다.
제2조 부터 제4조까지 생략
제5조(다른 법률의 개정) 결혼중개업의 관리에 관한 법률 일부를 다음과 같이 개정한다.

제10조의2제1항 각 호 외의 부분 단서 중 "영사관으로부터"를 "공증담당영사로부터"로 한다.

부칙 〈제14441호, 2016. 12. 20.〉

이 법은 공포한 날부터 시행한다.

부칙 〈제14700호, 2017. 3. 21.〉

이 법은 공포 후 6개월이 경과한 날부터 시행한다.

부칙 〈제15203호, 2017. 12. 12.〉

제1조(시행일) 이 법은 공포한 날부터 시행한다.
제2조(실태조사에 관한 적용례) 제2조의2의 개정규정에 따른 최초의 실태조사는 2020년에 실시한다.

부칙 〈제15351호, 2018. 1. 16.〉

이 법은 공포 후 6개월이 경과한 날부터 시행한다.

부칙 〈제15449호, 2018. 3. 13.〉

제1조(시행일) 이 법은 공포 후 6개월이 경과한 날부터 시행한다.

제2조(국내결혼중개업의 신고 또는 변경신고에 관한 적용례) 제3조 제2항 및 제3항의 개정규정은 이 법 시행 후 국내결혼중개업의 신고 또는 변경신고를 하는 경우부터 적용한다.

부칙 〈제15544호, 2018. 3. 27.〉

이 법은 공포한 날부터 시행한다.

부칙 〈제16413호, 2019. 4. 30.〉 (파견근로자 보호 등에 관한 법률)

제1조(시행일) 이 법은 공포한 날부터 시행한다.

제2조(다른 법률의 개정) ① 결혼중개업의 관리에 관한 법률 일부를 다음과 같이 개정한다.

제7조 중 "「파견근로자보호 등에 관한 법률」"을 "「파견근로자 보호 등에 관한 법률」"로 한다.

②부터 ⑭까지 생략

부칙 〈제20953호, 2025. 4. 29.〉 (파산선고 등에 따른 결격조항 정비를 위한 여성가족위원회 소관 5개 법률 일부개정을 위한 법률)

제1조(시행일) 이 법은 공포한 날부터 시행한다.

제2조(결격조항 정비에 관한 경과조치) 이 법 시행 당시 종전의 규정에 따라 행한 조치 등은 이 법의 개정규정에도 불구하고 유효한 것으로 본다.

결혼중개업의 관리에 관한 법률 시행령
(약칭 : 결혼중개업법 시행령)

[시행 2020. 3. 3.] [대통령령 제30509호, 2020. 3. 3., 타법개정]

**개정 예정 법률 밑줄 별도 표시.

결혼중개업의 관리에 관한 법률 시행령

(약칭 : 결혼중개업법 시행령)

[시행 2020. 3. 3.] [대통령령 제30509호, 2020. 3. 3., 타법개정]

제1조(목적) 이 영은 「결혼중개업의 관리에 관한 법률」에서 위임된 사항과 그 시행에 필요한 사항을 규정함을 목적으로 한다.

제1조의2(국내결혼중개업 신고기준) 「결혼중개업의 관리에 관한 법률」(이하 "법"이라 한다) 제3조제1항 전단에서 "보증보험금 및 중개사무소 등 대통령령으로 정하는 기준"이란 다음 각 호와 같다. 〈개정 2016. 12. 30.〉

1. 법 제25조에 따라 보증보험에 가입할 것

2. 건축물대장에 「건축법 시행령」 별표 1 제3호에 따른 제1종 근린생활시설, 같은 표 제4호에 따른 제2종 근린생활시설, 같은 표 제7호에 따른 판매시설 내 근린생활시설 또는 같은 표 제14호나목에 따른 일반업무시설로 기재된 건물에 중개사무소를 확보할 것. 이 경우 소유·전세·임대차 또는 사용대차 등의 방법으로 사용권을 확보하여야 한다.

[본조신설 2010. 11. 16.]

제2조(국제결혼중개업 등록기준) 법 제4조제1항 전단에서 "보증보험금, 중개사무소 등 대통령령으로 정하는 기준"이란 다음 각 호와 같다. 〈개정 2012. 7. 23., 2016. 12. 30.〉

1. 법 제24조에 따른 교육을 받을 것

1의2. 법 제24조의3에 따른 자본금 요건을 갖출 것

2. 법 제25조에 따라 보증보험에 가입할 것

3. 건축물대장에 「건축법 시행령」 별표 1 제3호에 따른 제1종 근린생활시설, 같은 표 제4호에 따른 제2종 근린생활시설, 같은 표 제7호에 따른 판매시설 내 근린생활시설 또는 같은 표 제14호나목에 따른 일반업무시설로 기재된 건물에 중개사무소를 확보할 것. 이 경우 소유·전세·임대차 또는 사용대차 등의 방법으로 사용권을 확보하여야 한다.

[전문개정 2010. 11. 16.]

제3조(결혼중개계약서 번역본 제공) ① 결혼중개업자는 법 제10조제1항에 따라 서면으로 계약을 체결하는 경우 이용자가 이해할 수 있는 언어로 된 번역본을 제공하여야 한다.

② 삭제 〈2010. 11. 16.〉

[제목개정 2010. 11. 16.]

제3조의2(신상정보 제공) ① 법 제10조의2에 따라 국제결혼중개업자가 법 제10조제1항에 따라 계약을 체결한 이용자(이하 "이용자"라 한다)와 결혼중개의 상대방(이하 "상대방"이라 한다)으로부터 받는 신상정보는 다음 각 호의 서류를 말한다. 다만, 제1호, 제2호 및 제4호의 서류는 상대국에서 통용되는 유사한 입증자료로 갈음할 수

있다. <개정 2012. 7. 23.>

1. 혼인경력: 「가족관계의 등록 등에 관한 법률」 제15조제1항제1호에 따른 가족관계증명서 또는 같은 항 제3호에 따른 혼인관계증명서

2. 건강상태: 법 제10조의2제2항에 따른 건강진단서

3. 직업: 재직증명서, 사업자등록증 사본, 영농사실확인서 또는 그 밖에 직업이나 소득을 확인할 수 있는 서류

4. 범죄경력: 범죄경력조회 회신서(성폭력, 가정폭력, 아동학대, 성매매 알선·강요 관련 범죄경력 및 범죄경력조회일 기준 최근 10년 이내의 금고 이상의 형에 해당하는 범죄경력으로 한정한다)

5. 그 밖에 상대국의 법령에서 정하고 있는 사항에 관한 서류

② 국제결혼중개업자는 법 제10조의2제1항에 따라 공증인의 인증을 받은 신상정보를 바탕으로 국제결혼 개인신상정보 확인서를 작성한 후 이용자와 상대방으로부터 그 작성 내용에 대한 사실 확인 및 신상정보 제공에 대한 서면 동의를 받아야 한다. <개정 2012. 7. 23.>

③ 국제결혼중개업자는 제2항에 따른 국제결혼 개인신상정보 확인서와 제1항 각 호에 따른 서류를 이용자와 상대방이 각각 이해할 수 있는 언어로 번역·제공한 후 이용자와 상대방이 모두 만남에 서면 동의한 경우에 만남을 주선하여야 한다. 이 경우 제1항 각 호에 따른 서류에서 주민등록번호에 관한 정보는 삭제하여 제공하여야 한다. <개정 2012. 7. 23., 2016. 12. 30.>

④ 국제결혼중개업자는 이용자가 제1항 각 호의 서류 제출 또는 제2항에 따른 신상정보 제공에 대한 서면 동의를 거부하거나 거짓 정보

를 제출한 사실이 확인되는 경우에는 결혼중개를 거부하여야 한다.

[본조신설 2010. 11. 16.]

제4조(외국 현지 형사법령 또는 행정법령 위반의 범위 등) ① 법 제11조제2항 전단에서 국제결혼중개업자가 외국 현지 형사법령 또는 행정법령을 위반한 경우는 국제결혼중개업자가 결혼중개를 함에 있어서 현지의 형사법령을 위반하였음을 이유로 형이 확정된 경우(형을 집행하지 아니하기로 확정된 경우를 포함한다) 또는 현지의 행정법령을 위반하였음을 이유로 행정처분이 확정된 경우로 한다. 〈개정 2010. 11. 16.〉

② 외교부장관은 법 제11조제2항에 따라 외국 현지에서 이 법, 외국 현지 형사법령 또는 행정법령을 위반한 국제결혼중개업자의 성명·주민등록번호 등 개인정보와 상호·등록번호 등 영업정보를 지체 없이 여성가족부장관에게 통보하여야 한다. 확정판결 또는 행정처분이 취소된 국제결혼중개업자의 경우도 또한 같다. 〈개정 2010. 3. 15., 2010. 11. 16., 2013. 3. 23., 2013. 9. 17.〉

③ 여성가족부장관은 제2항에 따라 외교부장관으로부터 통보받은 내용을 특별시장·광역시장·도지사·특별자치도지사를 거쳐 해당 국제결혼중개업자가 등록된 관할 시장(「제주특별자치도 설치 및 국제자유도시 조성을 위한 특별법」에 따른 행정시장을 포함한다. 이하 같다)·군수·구청장(자치구의 구청장을 말한다. 이하 같다)에게 지체 없이 통보하여야 한다. 〈개정 2010. 11. 16., 2013. 3. 23.〉

[제목개정 2010. 11. 16.]

제5조(신고필증 등의 반납) ① 법 제18조에 따라 등록이 취소되거나

영업소의 폐쇄명령 또는 영업정지명령을 받은 자는 여성가족부령으로 정하는 바에 따라 시장·군수·구청장에게 등록증 또는 신고필증을 반납하여야 한다. 〈개정 2010. 3. 15., 2010. 11. 16., 2015. 8. 3.〉

② 시장·군수·구청장은 영업정지처분을 받은 자의 영업정지기간이 경과한 때에는 반납된 신고필증 또는 등록증을 해당 결혼중개업자에게 지체 없이 내주어야 한다. 〈개정 2010. 11. 16.〉

제6조(보증보험의 가입) ① 결혼중개업자는 법 제3조 또는 법 제4조에 따라 신고 또는 등록을 하려면 법 제25조제2항에 따라 다음 각 호에 해당하는 금액을 보장하는 보증보험에 가입하여야 한다. 〈개정 2010. 11. 16.〉

1. 국내결혼중개업자: 2천만원 이상. 다만, 분사무소(分事務所)를 두는 경우에는 분사무소마다 1천만원을 추가한다.

2. 국제결혼중개업자: 5천만원 이상. 다만, 분사무소를 두는 경우에는 분사무소마다 2천만원을 추가한다.

② 결혼중개업자는 제1항에 따른 보증보험의 보증기간이 끝날 때에는 그 기간의 만료일까지 제1항에 따른 금액을 보장하는 보증보험에 다시 가입하고 그 증명서류를 갖추어 시장·군수·구청장에게 제출하여야 한다. 〈개정 2010. 11. 16.〉

③ 제1항 및 제2항에 따라 결혼중개업자가 보증보험에 가입하는 경우에는 시장·군수·구청장을 피보험자로 하여야 한다. 〈개정 2010. 11. 16.〉

[제목개정 2010. 11. 16.]

제7조(보증보험금 지급) ① 법 제25조제3항에 따라 결혼중개와 관련하여 손해를 입은 이용자는 결혼중개업자가 손해배상을 하지 아니한 경우에는 보증보험금의 지급을 청구할 수 있다. 〈개정 2010. 11. 16.〉

② 이용자는 제1항에 따라 지급을 청구하려면 이용자와 결혼중개업자 간의 손해배상합의서(공정증서이어야 한다), 화해조서 또는 확정된 법원의 판결문 정본, 그 밖에 이에 준하는 효력이 있는 서류를 시장 · 군수 · 구청장에게 제출하여야 한다. 〈개정 2010. 11. 16.〉

③ 결혼중개업자는 보증보험금으로 해당 결혼중개와 관련된 손해를 배상한 경우에는 제6조제1항에 따른 금액을 보장할 수 있도록 15일 이내에 보증보험에 다시 가입하고, 그 증명서류를 시장 · 군수 · 구청장에게 제출하여야 한다. 〈개정 2010. 11. 16.〉

제7조의2(고유식별정보의 처리) 시장 · 군수 · 구청장(해당 권한이 위임 · 위탁된 경우에는 그 권한을 위임 · 위탁받은 자를 포함한다) 또는 결혼중개업자는 다음 각 호의 사무를 수행하기 위하여 불가피한 경우 「개인정보 보호법 시행령」 제19조에 따른 주민등록번호 또는 외국인등록번호가 포함된 자료를 처리할 수 있다. 〈개정 2014. 8. 6., 2017. 3. 27.〉

1. 법 제3조에 따른 국내결혼중개업의 신고 및 변경신고, 신고필증 재발급 및 관리대장 작성 · 관리에 관한 사무

2. 법 제4조에 따른 국제결혼중개업의 등록 및 변경등록, 등록증 재발급 및 관리대장 작성 · 관리에 관한 사무

3. 삭제 〈2017. 3. 27.〉

4. 법 제6조에 따른 결격사유 확인에 관한 사무

5. 법 제10조의2에 따른 신상정보 제공에 관한 사무

6. 법 제14조에 따른 장부 등의 비치에 관한 사무

[본조신설 2012. 1. 6.]

제8조(과태료의 부과기준) 법 제28조제1항 및 제2항에 따른 과태료의 부과기준은 별표와 같다.

[전문개정 2012. 7. 23.]

제9조(규제의 재검토) 여성가족부장관은 다음 각 호의 사항에 대하여 다음 각 호의 기준일을 기준으로 3년마다(매 3년이 되는 해의 기준일과 같은 날 전까지를 말한다) 그 타당성을 검토하여 개선 등의 조치를 하여야 한다. 〈개정 2016. 12. 30.〉

1. 제1조의2에 따른 국내결혼중개업 신고기준: 2017년 1월 1일

2. 제2조에 따른 국제결혼중개업 등록기준: 2017년 1월 1일

3. 삭제 〈2020. 3. 3.〉

[전문개정 2013. 12. 30.]

부칙 〈제20815호, 2008. 6. 11.〉

제1조(시행일) 이 영은 2008년 6월 15일부터 시행한다.

제2조(교육에 대한 경과조치) 법 부칙 제3항에 따라 교육을 받은 국제결혼중개업자는 그 사실을 시·도지사에게 신고하여야 한다.

부칙 〈제22076호, 2010. 3. 15.〉 (여성가족부 직제)

제1조(시행일) 이 영은 2010년 3월 19일부터 시행한다.

제2조 생략

제3조(다른 법령의 개정) ① 부터 ⑥ 까지 생략

⑦ 결혼중개업의 관리에 관한 법률 시행령 일부를 다음과 같이 개정한다.

제4조제2항 전단 및 제3항 중 “보건복지가족부장관”을 각각 “여성가족부장관”으로 한다.

제5조제1항 중 “보건복지가족부령”을 “여성가족부령”으로 한다.

⑧ 부터 ㉖ 까지 생략

부칙 〈제22494호, 2010. 11. 16.〉

제1조(시행일) 이 영은 2010년 11월 18일부터 시행한다.

제2조(신상정보 제공에 관한 적용례) 제3조의2의 개정규정은 법 제10조제1항에 따라 결혼중개계약이 체결되어 이 영 시행 후 최초로 만남이 이루어지는 경우부터 적용한다.

부칙 〈제23488호, 2012. 1. 6.〉 (민감정보 및 고유식별정보 처리 근거 마련을 위한 과세자료의 제출 및 관리에 관한 법률 시행령 등 일부개정령)

제1조(시행일) 이 영은 공포한 날부터 시행한다. 〈단서 생략〉

제2조 생략

부칙 〈제23970호, 2012. 7. 23.〉

제1조(시행일) 이 영은 2012년 8월 2일부터 시행한다.

제2조(신상정보 제공에 관한 적용례) 제3조의2의 개정규정은 법 제10조제1항의 결혼중개계약에 따라 이 영 시행 후 만남이 이루어지는 경우부터 적용한다.

부칙 〈제24446호, 2013. 3. 23.〉 (여성가족부 직제)

제1조(시행일) 이 영은 공포한 날부터 시행한다.

제2조 생략

제3조(다른 법령의 개정) ① 생략

② 결혼중개업의 관리에 관한 법률 시행령 일부를 다음과 같이 개정한다.

제4조제2항 전단 및 제3항 중 "외교통상부장관"을 각각 "외교부장관"으로 한다.

③부터 ⑫까지 생략

부칙 〈제24755호, 2013. 9. 17.〉

이 영은 2013년 9월 23일부터 시행한다.

부칙 〈제25050호, 2013. 12. 30.〉 (행정규제기본법 개정에 따른 규제 재검토기한 설정을 위한 주택법 시행령 등 일부개정령)

이 영은 2014년 1월 1일부터 시행한다. 〈단서 생략〉

부칙 〈제25532호, 2014. 8. 6.〉 (민감정보 및 고유식별정보 처리 근거 마련을 위한 공공기관의 운영에 관한 법률 시행령 등 일

부개정령)
이 영은 2014년 8월 7일부터 시행한다.

부칙 〈제26471호, 2015. 8. 3.〉
이 영은 2015년 8월 4일부터 시행한다.

부칙 〈제27751호, 2016. 12. 30.〉 (규제 재검토기한 설정 등을 위한 가맹사업거래의 공정화에 관한 법률 시행령 등 일부개정령)
제1조(시행일) 이 영은 2017년 1월 1일부터 시행한다. 〈단서 생략〉
제2조 부터 제12조까지 생략

부칙 〈제27960호, 2017. 3. 27.〉 (주민등록번호 등의 처리 제한을 위한 세무사법 시행령 등 일부개정령)
이 영은 2017년 3월 30일부터 시행한다. 〈단서 생략〉

부칙 〈제30509호, 2020. 3. 3.〉 (규제 재검토기한 해제 등을 위한 144개 대통령령의 일부개정에 관한 대통령령)
이 영은 공포한 날부터 시행한다.

별표 / 서식
[별표] 과태료의 부과기준(제8조 관련)

결혼중개업의 관리에 관한 법률 시행규칙
(약칭 : 결혼중개업법 시행규칙)

[시행 2022. 7. 1.] [여성가족부령 제177호, 2022. 7. 1., 일부개정]

**개정 예정 법률 밑줄 별도 표시.

결혼중개업의 관리에 관한 법률 시행규칙

(약칭 : 결혼중개업법 시행규칙)

[시행 2022. 7. 1.] [여성가족부령 제177호, 2022. 7. 1., 일부개정]

제1조(목적) 이 규칙은 「결혼중개업의 관리에 관한 법률」 및 같은 법 시행령에서 위임된 사항과 그 시행에 필요한 사항을 규정함을 목적으로 한다.

제1조의2(실태조사의 내용과 방법 등) ① 「결혼중개업의 관리에 관한 법률」(이하 "법"이라 한다) 제2조의2에 따른 실태조사에는 다음 각 호의 사항이 포함되어야 한다. 〈개정 2018. 6. 14.〉

1. 결혼중개업의 현황 및 운영상황에 관한 사항
2. 결혼중개업 이용자와 상대방의 국적, 성별, 나이, 학력, 취업상태 등 일반적 특성에 관한 사항
3. 혼인기간, 혼인상태, 결혼생활 만족도 등 결혼생활의 실태에 관한 사항
4. 피해 발생원인, 피해유형 및 피해구제 등 결혼중개업 이용자 및 상대방이 입은 피해에 관한 사항
5. 그 밖에 결혼중개업을 통한 결혼의 실태 파악과 관련하여 여

성가족부장관이 필요하다고 인정하는 사항

② 여성가족부장관은 제1항에 따른 실태조사를 결혼 및 가족제도 등에 관한 전문성과 인력 및 장비를 갖춘 연구기관·법인 또는 단체에 의뢰하여 실시할 수 있다. 〈개정 2018. 6. 14.〉

[본조신설 2014. 2. 5.]

제2조(국내결혼중개업의 신고) ① 법 제3조제1항에 따라 국내결혼중개업의 신고를 하려는 자는 별지 제1호서식의 신고서(전자문서로 된 신고서를 포함한다)에 다음 각 호의 서류를 첨부하여 주된 중개사무소의 소재지를 관할하는 특별자치시장·시장(「제주특별자치도 설치 및 국제자유도시 조성을 위한 특별법」에 따른 행정시장을 포함한다. 이하 같다)·군수·구청장(자치구의 구청장을 말한다. 이하 같다)에게 제출하여야 한다. 이 경우 중개사무소가 2 이상인 때에는 중개사무소별로 신고서를 제출하여야 한다. 〈개정 2010. 11. 17., 2012. 8. 2., 2014. 2. 5., 2016. 12. 27., 2018. 6. 14.〉

1. 정관(법인인 경우에만 해당한다)

2. 신고인(법인인 경우에는 그 임원을 말한다)이 외국인인 경우에는 법 제6조 각 호에 해당하지 아니함을 증명하는 해당 국가의 정부 또는 그 밖에 권한이 있는 기관이 발행한 서류나 공증인이 공증한 신고인의 진술서로서 「재외공관공증법」에 따라 해당 국가에 주재하는 같은 법 제2조에 따른 영사관(이하 "영사관"이라 한다)이 확인한 서류. 다만, 「외국공문서에 대한 인증의 요구를 폐지하는 협약」을 체결한 국가의 경우에는 아포스티유(Apostille) 확인서로 영사관의 확인을 갈음할 수 있다.

3. 종사자 명단

4. 법 제25조에 따라 보증보험에 가입한 사실을 증명하는 서류. 다만, 보증보험회사가 보증 사실을 직접 특별자치시장 · 시장 · 군수 · 구청장에게 통보한 경우에는 제출을 생략할 수 있다.

5. 건축물대장에 「건축법 시행령」 별표 1 제3호에 따른 제1종 근린생활시설, 같은 표 제4호에 따른 제2종 근린생활시설, 같은 표 제7호에 따른 판매시설 내 근린생활시설 또는 같은 표 제14호나목에 따른 일반업무시설로 기재된 건물에 중개사무소를 확보하였음을 증명하는 서류

② 제1항에 따른 신고서를 받은 특별자치시장 · 시장 · 군수 · 구청장은 지체 없이 별지 제2호서식의 신고필증을 발급한 후 별지 제3호서식의 신고 · 등록관리대장(전자문서를 포함한다)에 그 사실을 적고 관리하여야 한다. 〈개정 2010. 11. 17., 2018. 6. 14.〉

③ 2 이상의 특별자치시 · 시(「제주특별자치도 설치 및 국제자유도시 조성을 위한 특별법」에 따른 행정시를 포함한다. 이하 같다) · 군 · 구(자치구를 말한다. 이하 같다)에 중개사무소가 있는 경우 제1항의 신고를 받은 특별자치시장 · 시장 · 군수 · 구청장은 10일 이내에 분사무소(分事務所)의 소재지를 관할하는 특별자치시장 · 시장 · 군수 · 구청장에게 신고 사실을 통보하여야 하며, 각 중개사무소의 소재지를 관할하는 특별자치시장 · 시장 · 군수 · 구청장은 해당 영업의 지도 · 감독 등에 관하여 서로 협조를 요청할 수 있다. 〈개정 2010. 11. 17., 2018. 6. 14.〉

④ 제3항에 따른 협조를 요청받은 특별자치시장 · 시장 · 군수 · 구

청장은 특별한 사유가 없는 한 이에 응하여야 한다. 〈개정 2010. 11. 17., 2018. 6. 14.〉

제3조(변경신고) ① 법 제3조제1항 후단에서 "여성가족부령으로 정하는 중요사항"이란 다음 각 호의 사항을 말한다. 〈개정 2010. 3. 19., 2010. 11. 17.〉

1. 중개사무소의 상호
2. 중개사무소의 수
3. 중개사무소의 소재지
4. 중개사무소 대표자 및 종사자
5. 법인의 대표자 및 임원(법인인 경우에만 해당한다)
6. 법 제25조에 따른 보증보험에 관한 사항

② 법 제3조제1항 후단에 따라 변경신고를 하려는 자는 별지 제4호서식의 변경신고서(전자문서로 된 변경신고서를 포함한다)에 다음 각 호의 서류를 첨부하여 특별자치시장 · 시장 · 군수 · 구청장에게 제출하여야 한다. 〈개정 2018. 6. 14., 2019. 10. 18.〉

1. 신고필증
2. 변경사항을 증명하는 서류
3. 별지 제5호서식의 행정처분 내용 고지 확인서(양도 · 양수 또는 합병으로 인한 변경만 해당한다)

③ 제2항에 따른 변경신고를 받은 특별자치시장 · 시장 · 군수 · 구청장은 신고필증을 고쳐쓴 후 발급하거나 재발급하여야 한다. 이 경우 제1항제3호에 따라 특별자치시 · 시 · 군 · 구를 달리하는 중개사무소의 소재지 변경을 이유로 변경신고를 받았을 때에는 종전의 중개

사무소를 관리하는 특별자치시장 · 시장 · 군수 · 구청장으로부터 제2조제1항 및 제2항에 따른 신고서류 전부를 송부받아 기록 · 관리하여야 한다. 〈개정 2010. 11. 17., 2018. 6. 14.〉

제4조(국제결혼중개업의 등록) ① 법 제4조제1항에 따라 국제결혼중개업을 등록하려는 자는 별지 제1호서식의 등록신청서(전자문서로 된 등록신청서를 포함한다)에 다음 각 호의 서류를 첨부하여 주된 중개사무소의 소재지를 관할하는 특별자치시장 · 시장 · 군수 · 구청장에게 제출하여야 한다. 이 경우 중개사무소가 2 이상인 때에는 중개사무소별로 신청서를 제출하여야 한다. 〈개정 2010. 11. 17., 2012. 8. 2., 2016. 12. 27., 2017. 7. 13., 2018. 6. 14.〉

1. 정관(법인인 경우에만 해당한다)

2. 신청인(법인인 경우에는 그 임원을 말한다)이 외국인인 경우에는 법 제6조 각 호에 해당하지 아니함을 증명하는 해당 국가의 정부 또는 그 밖에 권한이 있는 기관이 발행한 서류나 공증인이 공증한 신청인의 진술서로서 「재외공관공증법」에 따라 해당 국가에 주재하는 영사관이 확인한 서류. 다만, 「외국공문서에 대한 인증의 요구를 폐지하는 협약」을 체결한 국가의 경우에는 아포스티유(Apostille) 확인서로 영사관의 확인을 갈음할 수 있다.

3. 종사자 명단

4. 건축물대장에 「건축법 시행령」 별표 1 제3호에 따른 제1종 근린생활시설, 같은 표 제4호에 따른 제2종 근린생활시설, 같은 표 제7호에 따른 판매시설 내 근린생활시설 또는 같은 표 제14호나목에 따른 일반업무시설로 기재된 건물에 중개사무소를 확보하였음을 증

명하는 서류

5. 법 제24조에 따른 교육수료증 사본

6. 법 제24조의3에 따라 자본금(법인이 아닌 경우에는 자산평가액을 말한다)을 1억원 이상 보유하고 있음을 확인할 수 있는 별지 제5호의2서식에 따른 재산목록

7. 법 제25조에 따라 보증보험에 가입한 사실을 증명하는 서류. 다만, 보증보험회사가 보증 사실을 직접 특별자치시장 · 시장 · 군수 · 구청장에게 통보한 경우에는 제출을 생략할 수 있다.

② 제1항에 따른 등록신청서를 받은 특별자치시장 · 시장 · 군수 · 구청장은 지체 없이 별지 제6호서식의 등록증을 발급한 후 별지 제3호서식의 신고 · 등록관리대장(전자문서를 포함한다)에 그 사실을 적고 관리하여야 한다. 〈개정 2010. 11. 17., 2018. 6. 14.〉

③ 2 이상의 특별자치시 · 시 · 군 · 구에 중개사무소가 있는 경우 특별자치시장 · 시장 · 군수 · 구청장 간의 등록사실 통보 등에 관하여는 제2조제3항 및 제4항을 준용한다. 〈개정 2010. 11. 17., 2018. 6. 14.〉

제5조(변경등록) ① 법 제4조제1항 후단에서 “여성가족부령으로 정하는 중요사항”이란 제3조제1항 각 호의 사항과 제4조제1항제6호의 사항을 말한다. 〈개정 2010. 3. 19., 2012. 8. 2.〉

② 법 제4조제1항 후단에 따라 변경등록을 하려는 자는 별지 제4호서식의 변경신청서(전자문서로 된 변경신청서를 포함한다)에 다음 각 호의 서류를 첨부하여 특별자치시장 · 시장 · 군수 · 구청장에게 제출하여야 한다. 〈개정 2010. 11. 17., 2018. 6. 14., 2019. 10. 18.〉

1. 등록증

2. 변경사항을 증명하는 서류

3. 별지 제5호서식의 행정처분 내용 고지 확인서(양도·양수 또는 합병으로 인한 변경만 해당한다)

③ 제2항에 따라 변경신청을 받은 특별자치시장·시장·군수·구청장은 등록증을 고쳐 쓴 후 발급하거나 재발급하여야 한다. 이 경우 특별자치시·시·군·구를 달리하는 중개사무소의 소재지 변경을 이유로 변경신청을 받았을 때에는 종전의 중개사무소를 관리하는 특별자치시장·시장·군수·구청장으로부터 제4조제1항 및 제3항에 따른 등록서류 전부를 송부받아 기록·관리하여야 한다. 〈개정 2010. 11. 17., 2018. 6. 14.〉

제6조(신고필증 또는 등록증의 재발급) 결혼중개업자는 신고필증 또는 등록증을 잃어버렸거나 헐어 못쓰게 되어 재발급을 받으려는 경우에는 별지 제7호서식의 신고필증 또는 등록증 재발급신청서(전자문서로 된 신청서를 포함한다)에 그 신고필증 또는 등록증을 첨부(신고필증 또는 등록증이 헐어 못쓰게 된 경우만 해당한다)하여 특별자치시장·시장·군수·구청장에게 신청하여야 한다. 〈개정 2010. 11. 17., 2017. 7. 13., 2018. 6. 14.〉

1. 삭제 〈2017. 7. 13.〉

2. 삭제 〈2017. 7. 13.〉

제6조의2(결혼중개업체의 공시) 법 제4조의2제1항에 따라 특별자치시장·시장·군수·구청장은 매월 15일까지 전월 말을 기준으로 별지 제7호의2서식의 결혼중개업체 공시에 다음 각 호의 사항을 해당

특별자치시·시·군·구의 인터넷 홈페이지에 공시하여야 한다. 〈개정 2015. 8. 4., 2018. 6. 14., 2021. 1. 8.〉

1. 결혼중개업체의 현황에 관한 다음 각 목의 사항

가. 상호명

나. 대표자 성명(법인의 경우에는 법인명 및 대표자 성명)

다. 신고일 또는 등록일

라. 소재지(「도로명주소법」 제2조제5호에 따른 도로명까지로 한다)

마. 영업, 폐업 또는 휴업 여부

2. 결혼중개업체의 최근 3년 이내 영업정지 이상의 행정처분 및 과태료 처분에 관한 다음 각 목의 사항

가. 처분일자

나. 처분내용

[본조신설 2012. 8. 2.]

[제목개정 2018. 6. 14.]

제6조의3(지도점검) 법 제4조의3제2항에 따라 특별자치시장·시장·군수·구청장은 국제결혼중개업에 대한 연간 지도점검 계획을 수립·시행하여야 한다. 〈개정 2018. 6. 14.〉

[본조신설 2012. 8. 2.]

제7조(휴업·폐업 및 재개업의 신고) ① 결혼중개업자는 법 제5조제1항에 따라 휴업(결혼중개업의 신고 또는 등록 후 영업을 시작하지 아니하는 경우를 포함한다. 이하 같다) 또는 폐업하거나 휴업 후 영업을 재개하려는 때에는 미리 별지 제8호서식의 휴업·폐업·재개업 신고서에 다음 각 호의 서류를 첨부하여 특별자치시장·시장·군수

·구청장에게 제출하여야 한다. 〈개정 2010. 11. 17., 2015. 8. 4., 2018. 6. 14., 2019. 10. 18.〉

1. 신고필증 또는 등록증 1부. 다만, 신고필증 또는 등록증을 잃어버린 경우에는 분실사유서(폐업신고만 해당한다)를 제출해야 한다.

2. 이용자에 대한 조치계획서 1부(영업의 재개인 경우는 제외한다)

3. 제11조 각 호에 따른 종사자 명부 및 회원 명부 1부(폐업인 경우에만 해당한다)

② 제1항에 따라 결혼중개업의 재개 신고를 받은 특별자치시장·시장·군수·구청장은 신고필증 또는 등록증을 해당 결혼중개업자에게 즉시 반환하여야 한다. 〈개정 2010. 11. 17., 2018. 6. 14.〉

③ 제1항에 따라 폐업신고를 하려는 자가 「부가가치세법」 제8조제7항에 따른 폐업신고를 같이 하려는 경우에는 제1항에 따른 폐업신고서에 「부가가치세법 시행규칙」 별지 제9호서식의 폐업신고서를 함께 제출하여야 한다. 이 경우 특별자치시장·시장·군수·구청장은 함께 제출받은 폐업신고서를 지체 없이 관할 세무서장에게 송부(정보통신망을 이용한 송부를 포함한다. 이하 이 조에서 같다)하여야 한다. 〈신설 2016. 7. 12., 2018. 6. 14., 2019. 10. 18.〉

④ 관할 세무서장이 「부가가치세법 시행령」 제13조제5항에 따라 제1항에 따른 폐업신고를 받아 이를 해당 특별자치시장·시장·군수·구청장에 송부한 경우에는 제1항에 따른 폐업신고서가 제출된 것으로 본다. 〈신설 2016. 7. 12., 2018. 6. 14.〉

[제목개정 2010. 11. 17.]

제8조(신고필증 등의 게시) ① 법 제8조제1항에서 "여성가족부령으

로 정하는 사항"이란 보증보험 증권을 말한다. 〈개정 2010. 3. 19., 2010. 11. 17.〉

② 결혼중개업자는 법 제8조제1항에 따른 게시사항을 중개사무소의 규모 및 특성에 따라 부착하는 등의 방법으로 이용자가 쉽게 확인할 수 있도록 하여야 한다.

③ 법 제8조제2항에서 "여성가족부령으로 정하는 사항"이란 다음 각 호의 사항을 말한다. 〈개정 2010. 3. 19., 2010. 11. 17.〉

1. 상호와 대표자의 성명
2. 신고번호 또는 등록번호
3. 사업자등록번호
4. 중개사무소 소재지의 주소 및 전화번호
5. 결혼중개업 수수료·회비 등을 기재한 표
6. 이용약관
7. 보증보험에 의한 손해배상 청구절차

④ 인터넷 홈페이지를 운영하는 결혼중개업자는 법 제8조제2항에 따라 제3항 각 호의 사항을 이용자가 알아보기 쉽도록 인터넷 홈페이지 초기 화면에 표시하여야 한다. 다만, 제3항제5호부터 제7호까지의 사항은 이용자가 연결화면을 통하여 볼 수 있도록 할 수 있다. 〈개정 2014. 2. 5.〉

제9조(결혼중개계약서 등의 기록보존) 결혼중개업자는 법 제10조제3항 및 제10조의4제1항에 따라 작성한 서류를 5년 동안 보존하여야 한다.

[전문개정 2012. 8. 2.]

제9조의2(신상정보의 제공) ① 「결혼중개업의 관리에 관한 법률 시행령」(이하 "영" 이라 한다) 제3조의2제1항제4호에 따른 범죄경력조회 신청서 및 범죄경력조회 회신서는 각각 별지 제8호의2서식 및 별지 제8호의3서식과 같다.

② 영 제3조의2제2항에 따른 국제결혼 개인신상정보 확인서는 별지 제8호의4서식과 같다.

③ 영 제3조의2제3항에 따른 이용자와 상대방이 만남에 동의하는 서면동의서는 별지 제8호의5서식과 같다.

[전문개정 2012. 8. 2.]

제9조의3(통역·번역서비스의 제공) ① 국제결혼중개업자는 법 제10조의3에 따라 통역·번역서비스를 제공하는 때에는 직접 또는 통역·번역 전문업체를 이용하여 통역·번역서비스를 제공할 수 있다.

② 국제결혼중개업자가 이용자에게 통역·번역서비스를 제공하는 때에는 국어로 제공함을 원칙으로 하고, 이용자가 지정한 언어가 따로 있는 경우에는 그 언어로 제공할 수 있다.

③ 국제결혼중개업자가 결혼중개의 상대방에게 통역·번역서비스를 제공하는 때에는 상대방 국가의 언어로 제공함을 원칙으로 하고, 상대방이 지정한 언어가 따로 있는 경우에는 그 언어로 제공할 수 있다.

[본조신설 2010. 11. 17.]

제10조(거짓·과장된 표시·광고의 범위 등) 법 제12조제5항에 따른 거짓·과장된 표시·광고의 범위는 별표 1과 같다. 이 경우 표시란 결혼중개서비스에 관하여 이용자에게 알리기 위하여 중개사무소

등의 게시물 또는 회원권 등에 쓰거나 붙인 것을 말하며, 광고란 결혼중개서비스에 관한 사항을 정기간행물, 인터넷신문, 방송, 전기통신이나 그 밖의 수단을 통하여 일반인에게 알리거나 제시하는 것을 말한다. 〈개정 2010. 11. 17., 2012. 8. 2.〉

제11조(장부 등의 비치) 결혼중개업자는 법 제14조에 따라 다음 각 호의 장부·대장(전자문서로 된 장부·대장으로 갈음할 수 있다)을 작성하여 5년 동안 갖추어 두어야 한다. 다만, 장부·대장의 서식이 해당 사업에 적합하지 아니한 경우에는 특별자치시장·시장·군수·구청장의 승인을 받아 변경하여 사용할 수 있다. 〈개정 2010. 11. 17., 2012. 8. 2., 2018. 6. 14.〉

1. 별지 제9호서식에 따른 종사자 명부
2. 별지 제10호서식에 따른 회원 명부

제11조의2(결혼중개실적 등의 보고) 국제결혼중개업자는 매년 전년도의 법 제15조제2항에 따른 결혼중개 실적 등을 별지 제11호서식에 따라 다음 연도 1월 31일까지 특별자치시장·시장·군수·구청장에게 보고하여야 한다. 〈개정 2018. 6. 14.〉

[본조신설 2012. 8. 2.]

제12조(행정처분 기준) 법 제18조제2항에 따른 행정처분의 세부기준은 별표 2와 같다.

제13조(신고필증 등의 반납) ① 영 제5조제1항에 따라 등록증 또는 신고필증을 반납하려는 자는 등록취소 처분, 영업소 폐쇄명령 또는 영업정지명령을 받은 날부터 7일 이내에 등록증 또는 신고필증을 반납하여야 한다. 〈개정 2010. 11. 17., 2015. 8. 4.〉

② 법 제18조제1항에 따라 등록취소 처분, 영업소 폐쇄명령 또는 영업정지명령을 받은 경우로서 결혼중개업을 수행해 온 법인이 해산한 경우에는 그 법인의 대표자였던 자가 등록취소 처분, 영업소 폐쇄명령 또는 영업정지명령을 받은 날부터 7일 이내에 등록증 또는 신고필증을 반납하여야 한다. 〈개정 2015. 8. 4.〉

제14조(행정처분 및 청문대장) 특별자치시장 · 시장 · 군수 · 구청장은 법 제18조 및 법 제19조에 따라 행정처분을 한 경우와 법 제20조에 따라 청문을 한 경우에는 별지 제12호서식의 행정처분 및 청문대장에 그 내용을 기록 · 관리하여야 한다. 〈개정 2010. 11. 17., 2016. 7. 12., 2018. 6. 14.〉

제15조(수수료) 법 제22조에 따른 수수료 금액은 다음 각 호와 같다. 이 경우 수수료는 해당 지방자치단체의 수입증지로 납부하여야 한다. 〈개정 2017. 7. 13.〉

1. 국내결혼중개업의 신고 또는 변경신고
   가. 영업신고(신규) : 3만원
   나. 변경신고 : 없음
   다. 삭제 〈2015. 8. 4.〉
2. 국제결혼중개업의 등록 또는 변경등록
   가. 영업등록(신규) : 3만원
   나. 변경등록 : 없음
   다. 삭제 〈2015. 8. 4.〉

제16조(결혼중개업자 등에 대한 교육) ① 여성가족부장관 또는 특별자치시장 · 시장 · 군수 · 구청장은 법 제24조제1항에 따른 교육에 대

한 연간 교육계획을 수립·시행하여야 한다. 〈개정 2018. 6. 14.〉

② 법 제24조제1항에 따른 교육내용·교육방법 등은 별표 3과 같다.

③ 여성가족부장관 또는 특별자치시장·시장·군수·구청장은 법 제24조제1항에 따른 교육을 법인 또는 단체에 위탁한 경우에는 위탁받은 기관, 위탁한 교육 내용 등을 고시하여야 한다. 〈개정 2018. 6. 14.〉

④ 법 제24조제3항에서 "여성가족부령으로 정하는 사유"란 천재지변, 본인의 질병·사고 등의 사유로 교육을 받을 수 없는 경우를 말한다.

⑤ 그 밖에 교육에 관하여 필요한 세부사항은 여성가족부장관이 정한다.

[전문개정 2012. 8. 2.]

[제목개정 2015. 8. 4.]

제16조의2(이용자 피해예방을 위한 교육 등) ① 여성가족부장관, 또는 특별자치시장·시장·군수·구청장은 법 제24조의2제1항에 따른 교육계획을 수립·시행하여야 한다. 〈개정 2018. 6. 14.〉

② 법 제24조의2제1항에 따른 국제결혼중개업 이용자의 피해를 예방하기 위한 교육의 내용·방법 및 시간은 별표 4와 같다.

③ 그 밖에 교육에 관하여 필요한 세부사항은 여성가족부장관이 정한다.

[본조신설 2012. 8. 2.]

제17조(규제의 재검토) 여성가족부장관은 제16조제2항 및 별표 3에 따른 교육내용·교육방법 등에 대하여 2022년 1월 1일을 기준으로

3년마다(매 3년이 되는 해의 1월 1일 전까지를 말한다) 그 타당성을 검토하여 개선 등의 조치를 해야 한다.

[본조신설 2022. 7. 1.]

부칙 〈제21호, 2008. 6. 13.〉

이 규칙은 2008년 6월 15일부터 시행한다.

부칙 〈제1호, 2010. 3. 19.〉 (여성부 직제 시행규칙)

제1조(시행일) 이 규칙은 공포한 날부터 시행한다.

제2조(다른 법령의 개정) ① 부터 ③ 까지 생략

④ 결혼중개업의 관리에 관한 법률 시행규칙 일부를 다음과 같이 개정한다.

제3조제1항 각 호 외의 부분, 제5조제1항, 제8조제1항 · 제3항 각 호 외의 부분, 제9조 및 제16조제2항 중 "보건복지가족부령"을 각각 "여성가족부령"으로 한다.

제16조제1항 · 제3항 · 제4항 및 별표 2의 제2호 표의 위반행위란 9. 중 "보건복지가족부장관"을 각각 "여성가족부장관"으로 한다.

⑤ 부터 ⑮ 까지 생략

부칙 〈제8호, 2010. 11. 17.〉

이 규칙은 2010년 11월 18일부터 시행한다.

부칙 〈제30호, 2012. 8. 2.〉

제1조(시행일) 이 규칙은 공포한 날부터 시행한다.

제2조(결혼중개계약서 등의 기록보존에 관한 경과조치) 이 규칙 시행 전에 작성된 결혼중개계약서 등의 기록보존에 관하여는 제9조 및 제11조의 개정규정에도 불구하고 종전의 규정을 적용한다.

부칙 〈제40호, 2013. 9. 16.〉

이 규칙은 2013년 9월 23일부터 시행한다.

부칙 〈제51호, 2014. 2. 5.〉

이 규칙은 2014년 2월 14일부터 시행한다.

부칙 〈제75호, 2015. 8. 4.〉

이 규칙은 2015년 8월 4일부터 시행한다.

부칙 〈제95호, 2016. 7. 12.〉

이 규칙은 공포한 날부터 시행한다.

부칙 〈제104호, 2016. 12. 27.〉 (일몰규제 정비를 위한 가정폭력방지 및 피해자보호 등에 관한 법률 시행규칙 등 일부개정령)

이 규칙은 2017년 1월 1일부터 시행한다.

부칙 〈제106호, 2017. 7. 13.〉

이 규칙은 공포한 날부터 시행한다.

부칙 <제121호, 2018. 6. 14.>

이 규칙은 2018년 9월 14일부터 시행한다. 다만, 제6조의2 및 별지 제7호의2서식의 개정규정(특별자치시·특별자치시장에 관한 부분은 제외한다)은 2018년 7월 17일부터 시행하고, 제1조의2의 개정규정은 공포한 날부터 시행한다.

부칙 <제145호, 2019. 10. 18.>

제1조(시행일) 이 규칙은 공포한 날부터 시행한다.

제2조(행정처분 내용 고지 확인서 제출에 관한 적용례) 이 규칙 시행 전에 양도·양수 또는 합병으로 인한 결혼중개업의 변경신고 또는 변경등록 신청을 한 자 중 이 규칙 시행 당시 신고필증 또는 등록증을 발급 또는 재발급 받지 못한 자는 제3조제2항제3호, 제5조제2항제3호 및 별지 제5호서식의 개정규정에 따라 행정처분 내용 고지 확인서를 제출해야 한다.

부칙 <제159호, 2021. 1. 8.>

제1조(시행일) 이 규칙은 공포한 날부터 시행한다.

제2조(결혼중개업체의 공시에 관한 적용례) 제6조의2의 개정규정은 이 규칙의 시행일이 속하는 달의 다음 달에 공시하는 것부터 적용한다.

제3조(아동학대 범죄경력의 조회에 관한 적용례) 별지 제8호의2서식 및 별지 제8호의3서식의 개정규정은 이 규칙 시행 이후 법 제10조의2제1항에 따라 계약을 체결한 이용자와 결혼중개의 상대방으로부

터 신상정보를 받는 경우부터 적용한다.

제4조(교육 이수에 관한 경과조치) 이 규칙 시행 전에 종전의 별표 3에 따라 교육을 이수한 사람은 별표 3의 개정규정에 따라 교육을 이수한 것으로 본다.

부칙 〈제177호, 2022. 7. 1.〉

이 규칙은 공포한 날부터 시행한다.

별표 / 서식

[별표 1] 거짓 · 과장된 표시 · 광고의 범위(제10조 관련)

[별표 2] 행정처분의 세부기준(제12조 관련)

[별표 3] 교육내용 · 교육방법 등(제16조제2항 관련)

[별표 4] 교육의 내용 · 방법 및 시간(제16조의2제2항 관련)

[별지 제1호서식] 국내결혼중개업 신고서, 국제결혼중개업 등록신청서

[별지 제2호서식] 국내결혼중개업 신고필증

[별지 제3호서식] [□ 국내결혼중개업 □ 국제결혼중개업] 신고 · 등록관리대장

[별지 제4호서식] 국내결혼중개업 변경신고서, 국제결혼중개업 변경신청서

[별지 제5호서식] 행정처분 내용 고지 확인서

[별지 제5호의2서식] 재산목록

[별지 제6호서식] 국제결혼중개업 등록증

[별지 제7호서식] 국내결혼중개업 신고필증 재발급신청서, 국제결혼중개업 등록증 재발급신청서

[별지 제7호의2서식] (국내결혼중개업체, 국제결혼중개업체)공시

[별지 제8호서식] [국내결혼중개업, 국제결혼중개업(휴업, 폐업, 재개업)]신고서

[별지 제8호의2서식] 범죄경력조회 신청서

[별지 제8호의3서식] 범죄경력조회 회신서

[별지 제8호의4서식] 국제결혼 개인신상정보 확인서

[별지 제8호의5서식] 서면 동의서

[별지 제9호서식] 종사자명부

[별지 제10호서식] 결혼중개 회원명부

[별지 제11호서식] 국제결혼 중개실적 보고서

[별지 제12호서식] 행정처분 및 청문대장

대한민국 법령 시리즈 479

결혼중개업의 관리에 관한 법률 (약칭 : 결혼중개업법)

법 령 / 시 행 령 / 시 행 규 칙

2025년 6월 18일 인쇄 정가 11,000원
2025년 6월 28일 발행

편 저 편집부
디 자 인 송영미
발 행 인 조준형 http://www.hgbookpub.com
발 행 처 해광출판사 E-mail : munbookcokr@naver.com
주 소 부산광역시 중구 해관로 41-1 (중앙동2가)
전화번호 (051) 253-0001 팩스 (051) 245-1187
등 록 제 2012-000005호

해광출판사에서는 여러분의 소중한 원고와 함께 할 기회를 기다리고 있습니다. 책으로 엮을 원고나 아이디어가 있으신 분들은 이메일 munbookcokr@naver.com 로 책에 대한 간단한 개요와 원고 전체 또는 일부를 연락처와 함께 보내주십시오.

ISBN 979-11-6881-843-9

※ 법령 출처 : 법제처 국가법령정보센터
※ 본 도서는 〈공공데이터 제공 및 이용 활성화에 관한 법률〉을 근거로 출판되었습니다.

해광출판사 대한민국 법령 시리즈

001. 선원법
002. 어선법
003. 선박직원법
004. 해사안전기본법
005. 해양환경관리법
006. 선박의 입항 및 출항등에 관한 법률
007. 학교안전사고예방 및 보상에 관한 법률
008. 종합부동산세법
009. 방위사업법
010. 행정규제기본법
011. 식품산업진흥법
012. 위험물안전관리법
013. 화재의 예방 및 안전관리에 관한 법률
014. 도시가스사업법
015. 실내공기질관리법
016. 지방세법
017. 소득세법
018. 법인세법
019. 도선법
020. 선박안전법
021. 선박법
022. 수산업법
023. 고압가스안전관리법
024. 국민연금법
025. 공동주택관리법
026. 화학물질관리법
027. 어선원 및 어선 재해보상보험법
028. 장기등 이식에 관한 법률
029. 자연재해대책법
030. 공유재산 및 물품 관리법
031. 산업입지 및 개발에 관한 법률
032. 부정경쟁방지 및 영업비밀보호에 관한 법률
033. 금융지주회사법
034. 온실가스 배출권의 할당 및 거래에 관한 법률
035. 건축사법
036. 산림문화휴양에 관한 법률
037. 전기사업법
038. 사립학교법
039. 고등교육법
040. 액화석유가스의 안전관리 및 사업법
041. 선박투자회사법
042. 수산자원관리법
043. 위험물선박운송및저장규칙
044. 선박평형수관리법
045. 주택임대차보호법
046. 상가건물임대차보호법
047. 지방공기업법
048. 승강기안전관리법
049. 수목원·정원의 조성 및 진흥에 관한 법률
050. 민법
051. 치료감호 등에 관한 법률
052. 대부업 등의 등록 및 금융이용자 보호에 관한 법률
053. 사료관리법
054. 무형문화재 보전 및 진흥에 관한 법률
055. 총포·도검·화약류 등의 안전관리에 관한 법률
056. 경찰관직무집행법
057. 시설물의 안전 및 유지관리에 관한 특별법
058. 수산생물질병 관리법
059. 소비자기본법
060. 국제선박등록법
061. 정보통신망 이용촉진 및 정보보호 등에 관한 법률
062. 해운법
063. 농수산물 품질관리법
064. 수산업협동조합법
065. 해외건설촉진법
066. 수상레저안전법
067. 공무원재해보상법
068. 수상에서의 수색·구조 등에 관한 법률
069. 어촌어항법
070. 항만법
071. 항만운송사업법
072. 해양경비법
073. 해양사고의 조사 및 심판에 관한 법률
074. 외국인근로자의 고용 등에 관한 법률
075. 중소기업기본법
076. 자유무역지역의 지정 및 운영에 관한 법률
077. 대기환경보전법
078. 소음진동관리법
079. 폐기물관리법
080. 하수도법
081. 물환경보전법
082. 토양환경보전법
083. 환경정책기본법
084. 산업재해보상보험법
085. 관세법
086. 노동조합 및 노동관계조정법
087. 근로기준법
088. 군인연금법
089. 먹는물관리법
090. 기술보증기금법
091. 관광진흥법
092. 감염병의 예방 및 관리에 관한 법률
093. 사법경찰관리의 직무를 수행할 자와 그 직무범위에 관한 법률
094. 수의사법
095. 가정폭력방지 및 피해자보호 등에 관한 법률
096. 환경영향평가법
097. 체육시설의 설치 · 이용에 관한 법률
098. 장사 등에 관한 법률
099. 상호저축은행법
100. 은행법
101. 보호관찰 등에 관한 법률
102. 형법
103. 자동차관리법
104. 형사소송법
105. 전자금융거래법
106. 마약류 불법거래 방지에 관한 특례법
107. 도로법
108. 주세법
109. 변리사법
110. 하천법
111. 중소기업진흥에 관한 법률
112. 발달장애인 권리보장 및 지원에 관한 법률
113. 주택법
114. 장애인복지법
115. 농어업경영체 육성 및 지원에 관한 법률
116. 공인중개사법
117. 건강기능식품에 관한 법률
118. 예비군법
119. 개발제한구역의 지정 및 관리에 관한 특별조치법
120. 국유재산법
121. 주차장법
122. 환경기술 및 환경산업 지원법
123. 대기관리권역의 대기환경개선에 관한 특별법
124. 악취방지법
125. 미세먼지 저감 및 관리에 관한 특별법
126. 가축분뇨의 관리 및 이용에 관한 법률
127. 물의 재이용 촉진 및 지원에 관한 법률
128. 물관리기본법
129. 물관리기술 발전 및 물산업 진흥에 관한 법률
130. 자원의 절약과 재활용촉진에 관한 법률
131. 전기 · 전자제품 및 자동차의 자원순환에 관한 법률
132. 건설폐기물의 재활용촉진에 관한 법률
133. 수도권매립지관리공사의 설립 및 운영 등에 관한 법률
134. 폐기물의 국가 간 이동 및 그 처리에 관한 법률
135. 폐기물처리시설 설치촉진 및 주변지역지원 등에 관한 법률
136. 자원순환기본법
137. 잔류성오염물질 관리법
138. 환경분쟁 조정법

해광출판사 대한민국 법령 시리즈

139. 화학물질의 등록 및 평가 등에 관한 법률
140. 환경오염시설의 통합관리에 관한 법률
141. 환경오염피해 배상책임 및 구제에 관한 법률
142. 중소기업제품 구매촉진 및 판로지원에 관한 법률
143. 환경개선비용 부담법
144. 환경분야 시험·검사 등에 관한 법률
145. 환경친화적 산업구조로의 전환촉진에 관한 법률
146. 환경친화적 자동차의 개발 및 보급 촉진에 관한 법률
147. 환경범죄 등의 단속 및 가중처벌에 관한 법률
148. 생명윤리 및 안전에 관한 법률
149. 장애인차별금지 및 권리구제 등에 관한 법률
150. 부동산투자회사법
151. 정치자금법
152. 과학기술기본법
153. 대리점거래의 공정화에 관한 법률
154. 상속세 및 증여세법
155. 학원의 설립 · 운영 및 과외교습에 관한 법률
156. 해양심층수의 개발 및 관리에 관한 법률
157. 전기용품 및 생활용품 안전관리법
158. 사회기반시설에 대한 민간투자법
159. 공직선거법
160. 정당법
161. 유류오염손해배상 보장법
162. 부정청탁 및 금품등 수수의 금지에 관한 법률
163. 항로표지법
164. 어장관리법
165. 민방위기본법
166. 공직자윤리법
167. 선거관리위원회법
168. 유선 및 도선 사업법
169. 전기공사업법
170. 사회복지사업법
171. 택지개발촉진법
172. 국가공무원법
173. 민간임대주택에 관한 특별법
174. 어음법·수표법
175. 민사집행법
176. 상법
177. 문화예술진흥법
178. 중소기업협동조합법
179. 농업협동조합법
180. 도로교통법
181. 의료사고 피해구제 및 의료분쟁 조정 등에 관한 법률
182. 산림보호법
183. 소년법
184. 동물보호법
185. 건축물관리법
186. 도시개발법
187. 화물자동차 운수사업법
188. 도시 및 주거환경정비법
189. 의료법
190. 국회법
191. 응급의료에 관한 법률
192. 출입국관리법
193. 노인복지법
194. 산림자원의 조성 및 관리에 관한 법률
195. 청소년 보호법
196. 초 · 중등교육법
197. 혁신도시 조성 및 발전에 관한 특별법
198. 경제자유구역의 지정 및 운영에 관한 특별법
199. 공공기관의 운영에 관한 법률
200. 대한민국헌법
201. 국민기초생활 보장법
202. 저작권법
203. 가사소송법
204. 국가유공자 등 예우 및 지원에 관한 법률
205. 국민체육진흥법
206. 전통주 등의 산업진흥에 관한 법률
207. 재난 및 안전관리 기본법
208. 정보통신공사업법
209. 주식회사 등의 외부감사에 관한 법률
210. 공익사업을 위한 토지 등의 취득 및 보상에 관한 법률
211. 개인정보 보호법
212. 국세기본법
213. 에너지이용 합리화법
214. 감정평가 및 감정평가사에 관한 법률
215. 국가인권위원회법
216. 가맹사업거래의 공정화에 관한 법률
217. 보건의료기본법
218. 산업안전보건법
219. 법무사법
220. 교육공무원법
221. 특허법
222. 민사소송법
223. 아동복지법
224. 전파법
225. 하도급거래 공정화에 관한 법률
226. 기초연금법
227. 사립학교교직원 연금법
228. 직업안정법
229. 장애아동 복지지원법
230. 부동산등기법
231. 자동차손해배상 보장법
232. 철도안전법
233. 항공안전법
234. 전자상거래 등에서의 소비자보호에 관한 법률
235. 독점규제 및 공정거래에 관한 법률
236. 상표법
237. 채무자 회생 및 파산에 관한 법률
238. 공무원연금법
239. 축산법
240. 근로복지기본법
241. 민원 처리에 관한 법률
242. 약사법
243. 방문판매 등에 관한 법률
244. 건축기본법
245. 지방세기본법
246. 지방세징수법
247. 지방자치법
248. 도시교통정비 촉진법
249. 공공주택 특별법
250. 국세징수법
251. 공인노무사법
252. 중대재해 처벌 등에 관한 법률
253. 외무공무원법
254. 소방시설공사업법
255. 검역법
256. 공중위생관리법
257. 할부거래에 관한 법률
258. 인터넷 멀티미디어 방송사업법
259. 전기통신사업법
260. 제품안전기본법
261. 철도사업법
262. 어린이제품 안전 특별법
263. 영유아보육법
264. 원자력안전법
265. 보험업법
266. 경비업법
267. 교통안전법
268. 세무사법
269. 관세사법
270. 공인회계사법
271. 지방공무원법
272. 고용정책 기본법
273. 국가경찰과 자치경찰의 조직 및 운영에 관한 법률
274. 협동조합 기본법
275. 재해구호법
276. 환경보건법

해광출판사 대한민국 법령 시리즈

277. 자살예방 및 생명존중문화 조성을 위한 법률
278. 소방산업의 진흥에 관한 법률
279. 소방기본법
280. 비송사건절차법
281. 자연환경보전법
282. 변호사법
283. 기업구조조정투자회사법
284. 전기통신기본법
285. 에너지법
286. 해양생태계의 보전 및 관리에 관한 법률
287. 사회보장기본법
288. 통신비밀보호법
289. 공증인법
290. 물류시설의 개발 및 운영에 관한 법률
291. 청소년활동 진흥법
292. 형의 집행 및 수용자의 처우에 관한 법률
293. 도시공원 및 녹지 등에 관한 법률
294. 태권도 진흥 및 태권도공원 조성 등에 관한 법률
295. 녹색건축물 조성 지원법
296. 우편법
297. 예금자보호법
298. 건설산업기본법
299. 금융회사의 지배구조에 관한 법률
300. 장애인활동 지원에 관한 법률
301. 언론중재 및 피해구제 등에 관한 법률
302. 국가재정법
303. 농지법
304. 게임산업진흥에 관한 법률
305. 정신건강증진 및 정신질환자 복지서비스 지원에 관한 법률
306. 디자인보호법
307. 의료기사 등에 관한 법률
308. 스마트도시 조성 및 산업진흥 등에 관한 법률
309. 내수면어업법
310. 한국주택금융공사법
311. 의료기기법
312. 유통산업발전법
313. 전통시장 및 상점가 육성을 위한 특별법
314. 여신전문금융업법
315. 해외자원개발 사업법
316. 산업교육진흥 및 산학연협력촉진에 관한 법률
317. 빈집 및 소규모주택 정비에 관한 특례법
318. 기업도시개발 특별법
319. 전력기술관리법
320. 국토기본법
321. 지하수법
322. 식품위생법
323. 광업법
324. 호스피스·완화의료 및 임종과정에 있는 환자의 연명의료결정에 관한 법률
325. 주식·사채 등의 전자등록에 관한 법률
326. 표시·광고의 공정화에 관한 법률
327. 골재채취법
328. 국민건강증진법
329. 새마을금고법
330. 여객자동차 운수사업법
331. 마리나항만의 조성 및 관리 등에 관한 법률
332. 한부모가족지원법
333. 국가를 당사자로 하는 계약에 관한 법률
334. 지방자치단체를 당사자로 하는 계약에 관한 법률
335. 축산물 위생관리법
336. 병역법
337. 음악산업진흥에 관한 법률
338. 국가균형발전 특별법
339. 첨단재생의료 및 첨단바이오의약품 안전 및 지원에 관한 법률
340. 공간정보의 구축 및 관리 등에 관한 법률
341. 공유수면 관리 및 매립에 관한 법률
342. 농수산물 유통 및 가격안정에 관한 법률
343. 아시아문화중심도시 조성에 관한 특별법
344. 신탁법
345. 자연공원법
346. 생활화학제품 및 살생물제의 안전관리에 관한 법률
347. 군인사법
348. 국제조세조정에 관한 법률
349. 낙동강수계 물관리 및 주민지원 등에 관한 법률
350. 주민등록법
351. 집합건물의 소유 및 관리에 관한 법률
352. 집단에너지사업법
353. 산림조합법
354. 반도체집적회로의 배치설계에 관한 법률
355. 자본시장과 금융투자업에 관한 법률
356. 담보부사채신탁법
357. 근로자퇴직급여 보장법
358. 국제과학비즈니스벨트 조성 및 지원에 관한 특별법
359. 수도법
360. 식품 등의 표시 · 광고에 관한 법률
361. 약관의 규제에 관한 법률
362. 인삼산업법
363. 종자산업법
364. 항공사업법
365. 건설기계관리법
366. 군형법
367. 궤도운송법
368. 기술의 이전 및 사업화 촉진에 관한 법률
369. 농수산물의 원산지 표시 등에 관한 법률
370. 담배사업법
371. 석유 및 석유대체연료 사업법
372. 가축전염병 예방법
373. 농어촌정비법
374. 식물신품종 보호법
375. 항공보안법
376. 중소기업창업 지원법
377. 군사법원법
378. 우주개발 진흥법
379. 해저광물자원 개발법
380. 산림복지 진흥에 관한 법률
381. 지능형 로봇 개발 및 보급 촉진법
382. 헌법재판소법
383. 옥외광고물 등의 관리와 옥외광고산업 진흥에 관한 법률
384. 혈액관리법
385. 국제항해선박 등에 대한 해적행위 피해예방에 관한 법률
386. 유료도로법
387. 독립유공자예우에 관한 법률
388. 신에너지 및 재생에너지 개발 · 이용 · 보급 촉진법
389. 신용정보의 이용 및 보호에 관한 법률
390. 출판문화산업 진흥법
391. 공항시설법
392. 국민 평생 직업능력 개발법
393. 아동 · 청소년의 성보호에 관한 법률
394. 방송법쉬
395. 신용보증기금법
396. 화장품법
397. 청소년 기본법
398. 인터넷주소자원에 관한 법률
399. 양곡관리법
400. 도로명주소법
401. 전자문서 및 전자거래 기본법
402. 산업기술의 유출방지 및 보호에 관한 법률
403. 국가기술자격법
404. 양식산업발전법
405. 산업기술혁신 촉진법
406. 새만금사업 추진 및 지원에 관한 특별법
407. 전자정부법
408. 지역 개발 및 지원에 관한 법률
409. 한국농어촌공사 및 농지관리기금법
410. 계량에 관한 법률
411. 기업활동 규제완화에 관한 특별조치법
412. 군에서의 형의 집행 및 군수용자의 처우에 관한 법률

해광출판사 대한민국 법령 시리즈

413. 규제자유특구 및 지역특화발전특구에 관한 규제특례법
414. 금융위원회의 설치 등에 관한 법률
415. 남녀고용평등과 일·가정 양립 지원에 관한 법률
416. 농어업인 삶의 질 향상 및 농어촌지역 개발촉진에 관한 특별법
417. 댐건설·관리 및 주변지역지원 등에 관한 법률
418. 국가유산수리 등에 관한 법률
419. 법원조직법
420. 보훈보상대상자 지원에 관한 법률
421. 부패방지 및 국민권익위원회의 설치와 운영에 관한 법률
422. 과학기술분야 정부출연연구기관 등의 설립·운영 및 육성에 관한 법률
423. 연구개발특구의 육성에 관한 특별법
424. 친환경농어업 육성 및 유기식품 등의 관리·지원에 관한 법률
425. 연안관리법
426. 영화 및 비디오물의 진흥에 관한 법률
427. 신용협동조합법
428. 방송통신발전 기본법
429. 범죄피해자 보호법
430. 가축 및 축산물 이력관리에 관한 법률
431. 국가표준기본법
432. 국가통합교통체계효율화법
433. 범죄인 인도법
434. 국가과학기술 경쟁력 강화를 위한 이공계지원 특별법
435. 국제경기대회 지원법
436. 금융혁신지원 특별법
437. 수자원의 조사·계획 및 관리에 관한 법률
438. 축산자조금의 조성 및 운용에 관한 법률
439. 소방시설 설치 및 관리에 관한 법률
440. 양성평등기본법
441. 축산계열화사업에 관한 법률
442. 수입식품안전관리 특별법
443. 대외무역법
444. 국가연구개발사업 등의 성과평가 및 성과관리에 관한 법률
445. 무역보험법
446. 기술사법
447. 광산안전법
448. 농약관리법
449. 농업·농촌 및 식품산업 기본법
450. 문화산업진흥 기본법
451. 부담금관리 기본법
452. 야생생물 보호 및 관리에 관한 법률
453. 한국은행법
454. 별정우체국법
455. 원양산업발전법
456. 콘텐츠산업 진흥법
457. 한국수출입은행법
458. 외국인투자 촉진법
459. 물류정책기본법
460. 전자서명법
461. 산업발전법
462. 산업표준화법
463. 소프트웨어 진흥법
464. 토지이용규제 기본법
465. 해수욕장의 이용 및 관리에 관한 법률
466. 정보통신 진흥 및 융합 활성화 등에 관한 특별법
467. 정보통신산업 진흥법
468. 지진·화산재해대책법
469. 소금산업진흥법
470. 위치정보의 보호 및 이용 등에 관한 법률
471. 외국법자문사법
472. 이러닝(전자학습)산업 발전 및 이러닝 활용 촉진에 관한 법률
473. 암관리법
474. 실용신안법
475. 가족관계의 등록 등에 관한 법률
476. 무인도서의 보전 및 관리에 관한 법률
477. 감사원법
478. 정보보호산업의 진흥에 관한 법률
479. 결혼중개업의 관리에 관한 법률
480. 공익신고자 보호법
481. 박물관 및 미술관 진흥법
482. 낚시 관리 및 육성법
483. 동산·채권 등의 담보에 관한 법률
484. 임금채권보장법
485. 국민투표법
486. 농림수산업자 신용보증법
487. 국가채권 관리법
488. 중소기업은행법
489. 식품안전기본법
490. 외국환거래법
491. 발명진흥법
492. 건설기술 진흥법
493. 기후위기 대응을 위한 탄소중립·녹색성장 기본법
494. 인체조직안전 및 관리 등에 관한 법률
495. 엔지니어링산업 진흥법
496. 신문 등의 진흥에 관한 법률
497. 식물방역법
498. 석탄산업법
499. 산업융합 촉진법
500. 비료관리법
501. 임업 및 산촌 진흥촉진에 관한 법률
502. 복권 및 복권기금법
503. 대규모유통업에서의 거래 공정화에 관한 법률
504. 뉴스통신 진흥에 관한 법률
505. 지능정보화 기본법
506. 자격기본법
507. 중소기업 기술혁신 촉진법
508. 국가공간정보 기본법
509. 농어업재해대책법
510. 방송광고판매대행 등에 관한 법률
511. 지식재산 기본법
512. 초고층 및 지하연계 복합건축물 재난관리에 관한 특별법
513. 해양 조사와 해양정보 활용에 관한 법률
514. 공간정보산업 진흥법
515. 공공기관의 정보공개에 관한 법률
516. 행정기본법
517. 해상교통안전법
518. 농어업재해보험법
519. 문화유산의 보존 및 활용에 관한 법률
520. 자연유산의 보존 및 활용에 관한 법률
521. 국토의 계획 및 이용에 관한 법률
522. 건축법
523. 국민건강보험법
524. 계엄법
525. 환경친화적 선박의 개발 및 보급 촉진에 관한 법률
526. 해양폐기물 및 해양오염퇴적물 관리법
527. 연안사고 예방에 관한 법률
528. 전기안전관리법
529. 의약품 등의 안전에 관한 규칙
530. 공공보건의료에 관한 법률
531. 군보건의료에 관한 법률
532. 농어촌 등 보건의료를 위한 특별조치법
533. 보호소년 등의 처우에 관한 법률
534. 국가를 당사자로 하는 소송에 관한 법률

*** 해광출판사의 법령 시리즈는 계속 발행 됩니다.**
**** 각 도서의 개정판은 인쇄일을 기준으로 제작 되었습니다.**